数据中间商

パーソナルデータの衝撃

[日] 城田真琴 著　邓一多 译

北京联合出版公司
Beijing United Publishing Co.,Ltd.

图书在版编目（CIP）数据

数据中间商 / (日) 城田真琴著 ; 邓一多译. -- 北京 : 北京联合出版公司，2016.10

ISBN 978-7-5502-8280-3

Ⅰ. ①数… Ⅱ. ①城… ②邓… Ⅲ. ①企业管理—数据管理 Ⅳ. ①F713.51

中国版本图书馆CIP数据核字(2016)第168316号

Personal Data no Shogeki

by Makoto Shirota

Original Japanese language edition published by Diamond, Inc.

Simplified Chinese translation rights arranged with Diamond, Inc.

through CREEK & RIVER CO., LTD.

著作权合同登记号：图字 01-2016-4266 号

数据中间商

作者：［日］城田真琴

译者：邓一多

选题策划：慢半拍・马百岗

责任编辑：宋延涛

封面设计：胡椒设计

版式设计：如果设计

北京联合出版公司出版

（北京市西城区德外大街83号楼9层　100088）

北京盛华达印刷有限公司印刷　新华书店经销

字数300千字　880毫米×1230毫米　1/32　9.5印张

2016年10月第1版　2016年10月第1次印刷

ISBN 978-7-5502-8280-3

定价：49.80元

本书若有质量问题，请与本公司图书销售中心联系调换。电话：010-84369312 010-84369315

PREFACE
前　言

当你在便利店结账的时候，店员会询问你是否带积分卡，带的话，你会将积分卡递到店员手中。

如今，不仅是便利店，超市、药店、出租录像店、加油站、饭店等，几乎所有的店铺都会问你是否有积分卡。将积分卡递给店员后，你会得到与购买金额相应的非常少的积分（例如，100日元积1分），而与此相对的是，你所购买的商品类型和金额，也就是“购买记录”都会传送到运营该积分卡的企业中。得到购买记录的企业会收集你在申请积分卡时填写的姓名、性别、生日以及职业和婚姻状况等信息，向你发送能够吸引你注意的广告和邮件。

不仅是在实体店中，在网络购物中，你所使用的电脑或手机的系统、浏览器的种类版本以及浏览的网页等都会传送给相关企业。

“个人数据是‘新的石油’，是21世纪最有价值的资源，是一种崭新的资产”，这种想法如今在欧美已经成为了一种共识。在日本随着“大数据时代的到来”等呼声，企业也加速了对购买记录和浏览历史等“个人数据”的收集。

如果是实际购买过的店铺收集了自己的购买记录那也没什么。但是，令人头疼的是，不仅是购买过的店铺，就连那些参加通用积分计划的企业也可能会获取你的购买记录。也就是说，就算你只在A店买过东西，你的个人信息（性别、年龄、地址）和购买的商品种类及金额，以及店铺名也都会被加入积分计划的企业所知。如果有一百个企业加入了该计划，那么你的这些信息就可能被一百家企业知道。

这个过程并没有征求作为顾客的你的意见。即使你不希望自己的购买记录被A店以外的企业知道，但在申请积分卡时你也没有拒绝的权利。

严格地说，申请积分卡就代表你同意遵从“会员规则（使用规则）”。会员规则中写着：同意将自己的个人信息提供给参加积分计划的企业。虽然你会抱怨：“谁会去认真看那么小字的会员规则？”但也无济于事。

可是，只要我们仔细思考一下，就会觉得这件事情很奇怪。“某月某日，在某某便利店的某某街分店，购买了某某东西”，这个数据难道不属于消费者本人吗？既然它属于消费者个人，那么店铺一方是不是不应该将此作为电子数据保存并自由地加以利用？进一步说，我们应该有权选择将自己的数据提供给谁。比如，我们并不介意将个人信息提供给自己购买过的A店，可是不希望提供给自己没有去过的出租录像店B店，但可以提供给可能会去品尝的餐厅C店。

如今，围绕这种消费者的信息——“个人数据”，欧美已经开始对消费者与企业之间的力量不均衡问题展开了行动。这是一场从企业手中夺回个人数据的新运动。

新运动的目的是将以收集个人数据的企业为中心的世界转变为以消费者为中心的世界。在这个世界中，消费者所产生的数据为消费者自身所控制，将数据提供给哪个企业或团体都是由消费者自身所决定的。

这里所说的“个人数据”，指的是年龄、性别、职业、年收入、兴趣、爱好、拥有的汽车、商品的购买记录、电和煤气的使用记录，以及健康状况（血压、心率、体检数据），甚至遗传因子等信息。这些情报会根据情况成为有价的“个人数据使用权”。

但是，消费者与企业关系的根本变化和转换并不会立即发生。在今后的几年中，它们会逐渐地进行改变，从而渗透到社会中。

美国和英国政府已经大胆地提出了一个构想，就是将政府和企业所持有的个人数据返还给消费者，并已经着手实施。在铁道公司发布了将乘客的个人乘坐记录进行出售的计划后，日本也掀起了围绕个人信息是否应该提供给第三方的激烈争论。虽然日本不会像欧美那样从根本上改变消费者与企业间的关系，但是从国际协调的观点来看，日本也会掀起同样的争论。

本书会围绕个人数据，向大家解说关于彻底改变消费者与企业之间关系的“范式更变潮流”的各种观点。

城田真琴

CONTENTS

目　录

第2章　也许你不知道数据中间商，但是数据中间商却知道你

第3章 我们的个人数据到底值多少钱?

第4章 帮助大众保护个人数据：即将到来的新兴产业

第7章 有一天，你的个人数据可以当钱花……

第1章

未来最宝贵的能源不是石油而是个人数据

你在想的事情Google（谷歌）都知道

“我们知道你现在在哪里，也知道你曾经去过哪儿，对你想的东西也都大致了解。”

Google的首席执行官埃里克·施密特在接受美国的经济杂志《大西洋月刊》的采访时如是说道。

的确如此，通过对搜索记录的分析，企业可以大致把握用户的兴趣爱好、所关心的领域，以及想去的地方和想要的东西。当你在使用Google开发的安卓系统（作者注：Google开发的智能手机和平板电脑的系统）的手机时，如果同意系统的定位服务，那么手机就会向Google定期发送你所在的位置。通过这个记录，Google可以明确你在过去30天的行踪。最近，Google还开发了提醒出行功能的谷歌日历。

对我们了如指掌的不仅仅是Google一个公司。在日本，每月有2300万人（2014年10月统计）登录的Facebook（译者注：脸书），不仅了解我们的交友关系，还会准确地提示出连我们自己都忘记了的老朋友。根据我们的头像和每天发布的内容，Facebook会和Google一样，甚至比Google更准确详细地分析出我们的兴趣和爱好。

这两大公司之所以如此了解我们的信息，无非是为了要向我们发送能够吸引我们眼球的广告信息。难以置信的是，我们的个人数据已经为Google和Facebook分别创造出了约590亿美元和约115亿美元的利益（作者注：2014年度广告销售额）。

这些对我们潜在意识和潜在欲求都了如指掌的网站，在日常生活中确实也给我们带来了许许多多的便利。

但是，我们必须留意的是，在享受便利的同时，我们的位置信息、兴趣爱好、交友关系以及购买记录这些被称为“个人数据”的东西，都在不断地送往各个网络企业。

对于收集个人信息这方面，网络企业的行为给人的印象似乎还算积极。但像超市、百货商场、家电商场这些小型卖场就有些不同了。他们所发行的会员卡（积分卡）和POS（译者注：销售终端）数据一般都会记录消费者的属性（性别、年龄、职业、居住地址等），他们会根据购买记录锁定消费对象，从而定期地向消费者发送宣传册及优惠券。在美国，这种优惠券就引起了一场小风波。

连家人都不知道的事情商家却了如指掌

“马上叫你们的店长出来！”

一天，一名男性怒气冲冲地来到了这家美国大型连锁超市“Target”（译者注：美国塔吉特公司）的明尼阿波利斯分店。他手中握着“Target”发给他女儿的优惠券说道：“我的女儿还是个高中生，你们竟然发给她婴儿服和婴儿床的优惠券！你们是在唆使她怀孕吗？”

店长接过那名男性手中的优惠券，确实是张印满婴儿用品的广告。最后该事件是以店长不停地道歉而收尾。

然而几天后，店长却接到了那名男性打来的道歉电话。

“我和女儿谈过了，8月是孩子的预产期。之前我完全没有注意到。对前几天的事情我感到非常抱歉。”

就是如此，“Target”比生活在一起的父亲更先知道他女儿怀孕的征兆。

该公司在主页上运营着一个名叫“宝宝注册表”的项目，怀孕的女性可以在上面制作“愿望清单”。这不仅成为了孕妇自身的备忘录，而且家人和朋友在为其购买礼品时也可以从清单上进行选择。这是一个非常人性化的系统。孕妇在制作注册表的时候，还可以参考主页的商品栏，随时添加到清单中。还有许多女性愿意将自己的注册表公开分享给他人。

该公司会彻底分析这些数据，注意那些临近预产期的孕妇的购买倾向。例如，“那些曾经会购买带香味化妆水的孕妇，在进入妊娠第二阶段后会选择无香型的化妆水”“进入妊娠第二十周后，许多孕妇会购买镁、钙、锌等营养素”“临近预产期的孕妇一般会购买无香型的香皂、大的化妆棉、消毒液和毛巾”，等等。

该公司根据这些购物倾向不仅可以判断选购者是否怀孕，还推出了可以精准地预计出孕妇预产期的“孕妇预测积分”。使用这个积分可以惊人地推断出“3月购买了润肤露，钙、镁、锌营养素和天蓝色小毯子的23岁女性怀孕的确定率为87%，预产期为8月下旬”。

专栏　不让营销商察觉到你怀孕的方法

在人们的所有行动都会被以电子形式记录下来的今天，不让营销商知道自己的行动记录仿佛已经成为一件很难的事情。接下来，我要为大家介绍一位女性，她成功地在不让营销商知道自己怀孕的前提下顺利地完成了生产。她是美国普林斯顿大学社会学部的一位名为珍妮特的助教。

首先，她在那些对营销商来说最具成效的信息收集工具Facebook等社交软件上从不谈及有关怀孕的话题。她自身从不主动发起有关怀孕的发言，在告诉父母自己怀孕的消息时，也嘱咐他们不要在Facebook上谈及这件事。当最疼爱她的伯父在Facebook上向她发送了祝贺邮件后，她便立即将它删除了，还取消了与伯父的好友关系。因为她曾有过类似的经历，她所使用的Google聊天软件要比他的亲戚朋友更早地知道了她的婚期。这让她感到很气愤。她认为，Facebook与Google一样，都会对个人信息进行收集，然后对使用者宣传广告（原本Facebook的广告负责人是反对将用户的个人信息用作广告宣传使用的）。

其次，她为了防止积累购买记录，在购买孕妇用品和婴儿用品时会避免使用信用卡和各种店铺所发行的会员卡，都会选择用现金结算。网络购物时，会用现金购买Amazon（译者注：亚马逊）的礼品券，用礼品券购买物品。为此，她重新申请了电子邮箱，又注册了新的Amazon账号用来购买妇婴用品（因为通过电子邮箱可以追查到以往的购买记录）。

再次，她不会以自己家的地址作为配送地址，会使用Amazon locker（图1-1）。Amazon locker是设置在24小时营业的便利店或小卖店、药店等

▲图1–1　Amazon locker（亚马逊·储藏柜）

如同私人专用书箱一样的装置，只要输入密码就可以从中领取自己在Amazon上购买的物品。这样Amazon就不会知道你的详细地址。

最后，她在网上浏览一些关于孕婴方面的信息时，会使用“洋葱路由器”来伪装自己的IP，从而可以在网上进行匿名交流。在与丈夫发信息的时候，也会避免使用“婴儿”等单词，会使用一些只有他们两人知道的暗号。

在她的努力下，约九个月的时间里，她一次也没有收到过关于尿不湿和任何与婴儿相关的广告。可以说她成功地避免了营销商得知自己怀孕的信息。

对此，她是这样回忆的：

“我与丈夫的一系列行为就像个罪犯一样。过得完全不是平常准父母那样的日常生活。为了买一辆称心的婴儿车，丈夫在购买500美元的Amazon礼品券时曾被超市的店员制止。因为购买超限金额的预付款卡必须向相关监管机关汇报。在使用‘洋葱路由器’的时候也需要进行汇报。因为，‘洋葱路由器’经常被那些在黑市交易禁药和武器的不法分子所使用。而我却要用它登录妇婴论坛。”

是什么让她如此努力地做着这些呢？原因有两个：一是她想让更多人知道互联网企业通过追踪消费者的日常行为而收集个人数据，从而赚取大量的利益。她认为，应该改变如今这种互联网企业无偿使用个人信息的世风。

二是世界上有许多人因“其他原因”不希望自己怀孕的事情被他人所知。这个“其他原因”十分重要。例如，一名流产的女性在网上登录自己的某个账号时，却跳出婴儿服或尿不湿的广告，那么她的心情会变得如何呢？答案可想而知。营销商也许只是根据她的购买记录，机械地向她发送广告和邮件。但对于这位女性来说，却成为了唤醒她悲痛记忆的备忘录。

手机运营商甚至知道你的日常生活

我们经常使用的手机（智能手机）装满了我们的个人信息，如姓名、电话号码、朋友的联系方式等。智能手机不仅会管理你浏览过的网页、所使用的手机软件、通信对象以及地理位置（现在地），还会测量出你一天所走的步数和距离，以及睡眠时间、血压、心率和饮食内容，等等。

对于那些以一般消费者为销售对象的电子商务来说，这些个人数据是反映消费者日常生活的重要数据。实际上，智能手机软件盗取个人信息的恶性事件的频发，也证明了这些数据的价值。

如今，有些通信公司利用这些数据开始摸索着收集消费者在通话和通信服务以外的收入来源。当然，即使是通信公司也不应该擅自利用使用者的这些数据。但事实是许多通信公司都在任意地使用着这些数据。拥有一亿多使用者的美国最大通信公司AT＆T（译者注：美国电话电报公司）在2013年6月28日公布了他们通过更改隐私政策，将使用者的位置信息、网页浏览记录、手机软件的使用记录等贩卖给外部的营销公司和广告公司的行为。

日本的手机运营商为了改善通话品质和通信质量，也在得到使用者允许的情况下，收集了那些记录着使用者的位置信息、手机软件的应用等数据。但他们只是利用这些数据来确定信号差的地区和时间带，从而调整基地台天线的角度，并不是以贩卖为目的。

而AT＆T是通过更改隐私政策，收集用户的互联网利用状况、网页浏览历史和手机软件的应用状况以及位置信息，并向外界公布和出售，从中赚取利益。很显然，其目的并不是改善通话品质和通信质量。

AT＆T预计到了使用者的排斥，进行了一系列的准备。首先发布了更改隐私政策的通知，并在隐私政策的页面对所收集信息的利用目的、是否向第三方提供等问题进行了详细说明，还为要求停止将自己个人信息出售的客户提供了专门的页面。

我们暂且不去谈论该公司的对与错，他们能够将收集消费者隐私数据这件事公之于众，并为客户留有拒绝的余地，这一点就让人觉得这是一家可靠的企业。但是，并不是所有的企业都会做到这些。

擅自收集视听信息的智能电视

2013年11月，一名居住在英国的男子分析在自己家中所设置的路由器通信量与地址时，突然发现一件奇怪的事情。他所购买的韩国LG公司制造的智能电视（注：在以往的电视中增加了电脑和互联网的功能）在变换频道时，会向外部的LG服务器发送终端ID和频道名。这让他感到很惊讶，便对电视系统的设置画面进行了确

如果将选项设置为“关”的状态，信息收集本应该被停止……

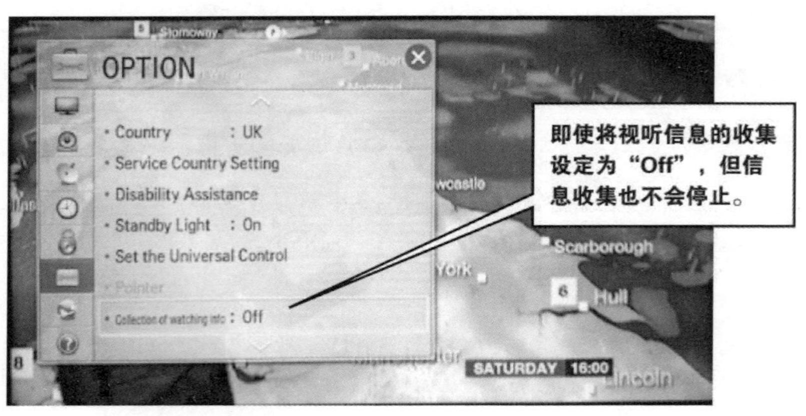

▲图1–2　男子在微博上公布的LG公司生产的智能电视的系统设置界面

认。发现“收集视听信息”的选项默认为“开”的状态。原来制造商在产品出厂时就将其设定为“将消费者的视听信息向LG发送”的状态。

更令人惊讶的是，这名男子将选项更改为“关”的状态（图1-2）后，视听信息依然继续在向LG发送。单单变更电视机的设置是无法停止LG对消费者视听信息的收集的。也就是说，视听信息的收集如同电视机的分辨率和大小一样，用户是无法改变的。

这让该男子无论如何都无法理解，他向LG公司发去了询问邮件。于是，他得到了如下回复。

“非常感谢您的来信。在给您回复邮件之前，我们将该问题向LG总部进行了汇报。很遗憾，我们只能建议您向所购买的店铺提出申请。如果您在购买时能够更加深入地阅读使用手册的话……虽然事情的原因很明了，但是站在LG公司的立场，我们无法对销售店铺的行为做出任何评价。很抱歉给您带来了麻烦。如果还有其他问题，请再与我们联系。”

日本也不例外

如上所述，在现代社会中，无论是否处于在线状态，我们的行为、生活等都会被转换成电子数据记录下来，从而被企业收集利用。这种将个人数据应用到互联网企业的现象，不仅仅出现于Google和Facebook等美国互联网企业。

2013年6月末，日本制造所向外界公布：JR东日本（译者注：东日本旅客铁道）对交通IC卡“Suica”（译者注：是一种可再加值、非接触式的智慧卡形式的乘车票证）的旅客乘坐记录进行了分析，并将由此得出的“车站利用状况分析报告”进行销售贩卖。这引起了乘客及媒体的强烈反应。

另外，积分卡与网络服务等会员ID的绑定会积累消费者的购买记录，对会员的生活方式进行分析。这种现象不仅出现在美国的企业，在日本企业中也十分常见。

在日本，最具代表性的电子商务企业就是乐天。以乐天市场为中心的乐天旅行、乐天图书、乐天银行、乐天信用卡等拥有超过9000万客户的乐天集团，为了对顾客的信息进行管理，从2007年起便开始构建名为“乐天超级DB”的巨大数据库，该数据库对会员的属性、购买记录、积分情况、优惠券的利用记录等简介进行着一元化的管理，主要由四项数据组成。

- **基本属性（人口统计：性别、年龄、居住地址、职业、年收入等）**
- **行为属性（行动：购买记录、利用服务设施的频率）**
- **心理属性（心理图表：行为特征、嗜好、品牌倾向、兴趣、活动等）**
- **地理信息（地理图表：人口统计、地域特征等）**

乐天公司首先利用会员的属性和购买记录将全体会员分为“勤俭持家”“爱好美食”“干净漂亮”“爱美男士”“宅男宅女”等各种类别。接着将这些与他们的搜索记录和点击记录联系起来进行分析，根据得出来的结果来更改对每一名会员在乐天市场和乐天图书上的推荐商品。

例如，如果想让客户购买商品A，首先要对该商品的二次属性进行定义。如果是男士护肤品，那么便可以定义为“面向男士的美容商品”。然后决定向上文中所提到的哪一种类型的客户进行推荐（可以向“爱美男士”推荐）。如果将男士护肤品推荐给一点都不爱美的那个群组，那么商品被购买的可能性就会极低。极端地说，就像向没有驾驶证的人无论推荐多少关于汽车的广告，基本都不会产生效果。

这种将会员按照各种属性分类后，将广告和推荐的商品个性化的做法不仅限于乐天公司，运营雅虎和TCard（译者注：是日本的一种集点卡，持卡人可以在能够使用的地方消费后集点数兑换各种小礼品之类）的Culture Convenient Club（译者注：日本文化便利株式会社）（以下简称CCC）等公司也是一样。

CCC会根据会员的性别、年龄、居住地和购买倾向等，推测出会员的家庭构成、是否拥有汽车、是早出型还是夜出型，以及是宅男还是宅女等事项，从而根据这些向会员寄送商品指南或发送邮件。

CCC与Google和Facebook的不同之处在于，它不是为客户提供互联网服务，而是收集用户的购买记录等个人数据。

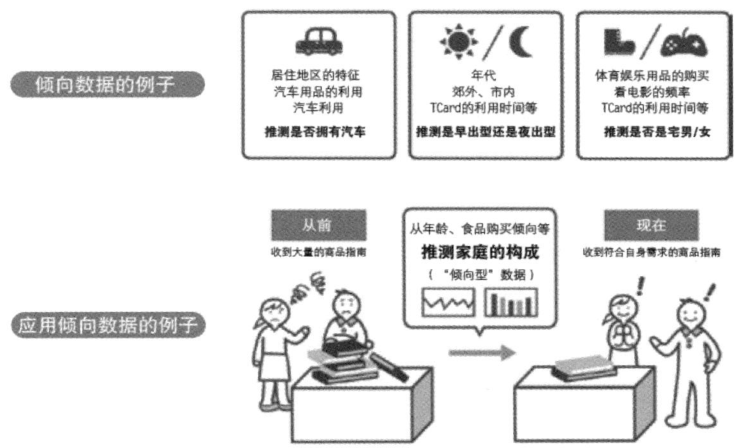

▲图1–3　CCC从客户的生活方式中分析得来的“倾向数据”以及应用

“个人数据是新型资产”

除了以上介绍的例子以外，围绕个人数据的收集，世界各国都有着许许多多的争论。那么，为什么不仅是网络企业，就连超市、通信公司和家电制造商等各种企业都如此热衷于对个人数据的收集？

因为他们产生了一个共识，那就是“个人数据是‘新的石油’，是新型资产”。

“个人数据：新型资产的诞生（Personal Data：The Emergence of a New Asset Class）”这篇极具吸引力的论文于2011年2月发表在了《世界经济论坛》上。该论文的开头是这样写的：

“个人数据是‘新的石油’，是21世纪极具价值的资源。今后，它会以新型资产的形式出现在社会的各个方面。”

如今，个人数据已经成为人们的一种资产。很早便注意到这一点的Google拼命地对个人数据进行收集，并将其与销售紧密地联系在一起，构建成了一项莫大的资产。Facebook也是同样。仔细思考一下，无论是Facebook还是Twitter（译者注：推特），或者是SNS（译者注：社交网络服务），如果缺少了我们的简介、照片和发言，他们都不会成立。

虽然有些晚，但最近手机公司和铁路公司也终于注意到了这点。通信事业和铁路运营事业也学会了将收集软件的应用记录和消费者的位置信息转换成新型资产。

国外不仅是手机公司和铁路公司，就连对个人隐私十分谨慎的银行都开始贩卖客户的个人信息。英国三大银行之一“巴克莱银行”在2013年10月更改了客户守则，根据该行1300万客户的支取信息、支出倾向等分析出了一份报告，并开始向企业和政府机关等出售。

其实，即使在国外也没有一个关于对个人信息的收集及应用的最好办法。Google和Facebook也经常因为侵害客户隐私问题而被起诉。随着“个人数据是‘新的石油’，是新型资产”的想法产生，世界各国的各个企业都在探索着合理活用个人数据的方法。

什么是个人数据?

以上叙述了这么多，还没有对“个人数据”进行定义。“个人数据”从它的形成角度来看大致分为以下三类。

志愿者数据：是客户自己提供的数据。例如，Facebook和Twitter等公开的个人简历信息。在网络购物中申请注册账号时所填写的个人信息、信用卡账号等。

测量数据：随着个人行动而记录的数据。智能手机的GPS（译者注：全球定位系统）所记录的位置信息、网页浏览记录和通话记录等记录数据。

推测数据：通过对志愿者数据和测量数据分析而得到的数据。CCC根据会员的属性数据和购买记录等分析得出了顾客的“倾向数据”，这就属于推测数据。

第一类志愿者数据，因为是客户本人提供的，所以应该都是正确的信息。第二类测量数据因为是电脑记录的数据，所以基本上不会出现错误。而第三种推测数据是人为分析出来的结果，所以可能不一定非常准确。因此，分析的精准度成为了区别企业之间的重要因素。随着大数据的浪潮，企业不得不开始认真地考虑采用优秀“数据科学家”的问题。

你同意的是什么？

在电脑科学的世界中，从古至今就有一句格言——“Garbage In Garbage Out”（译者注：进去的是垃圾，出来的也是垃圾）。也就是说，无论多么高性能的电脑，只要你输入的数据不完全，那么得出的答案也一定不是完整的。

这句格言在电脑处于黎明期的时候经常被使用。在大数据时代，这句格言也许可以这样说：“无论雇用多么优秀的数据科学家，从低质量的数据中也只能分析出低质量的结果”。因此，那些力图将个人数据灵活利用于商务中的企业，都尽量收集一些问题少的高品质数据，也就是志愿者数据和测量数据。

而问题在于数据的收集方法。如果企业窃取客户的个人信息，将收集到的信息擅自提供给第三方，必然会受到谴责。但是，其中也包含着一些已经得到我们同意（无论我们是否意识到）的案例。

例如，我们在申请通用积分卡服务时所填写的个人信息（姓名、生日、性别、年龄、婚姻、邮编号码、居住地、电话号码、邮箱地址、职业等）不仅会被发送给运营企业，还会被合作企业（参加积分计划的企业）共享。积分计划不仅限于这些属性信息，就连积分信息（积分的累计、利用、余额、利用店铺、会员卡的使用记录等）也都会在参加计划的企业间共享，从而将其应用于营销中。

这些个人信息的利用，一般会详细地记录在会员规章中。我们使用了会员卡，就意味着我们同意了会员规章。

然而，有时那些会员规章和使用条约，不用放大镜都看不清写的是什么。所以，人们一般都会因为想要尽快使用会员卡而忽略里面的具体内容。但是，作为一名消费者，知道自己同意什么很有必要。

2014年4月就出现了不认真阅读使用规章便签名的盲目行为的典例。英国的游戏软件公司“GameSation”就在网站使用规章里悄悄地增加了“immortal soul（译者注：不朽的灵魂）”这一项。这项条约是这样写的：

公历2010年4月1日，客户在网站进行商品购买，就意味着同意将不朽的灵魂的权利赋予我公司。

我公司在行使该权利时，客户在gamesation.co.uk或自收到代理人书面通知的5个工作日以内，必须将不朽的灵魂以及其所拥有的一切权利转让给我公司。

（中略）

如果你（a）没有不朽的灵魂（b）已经将其转让给他人（c）不想将所有权提供给我公司，那么请点击以下链接取消该项条约后再进行交易。

这些很难让人理解的内容，简单地说就是在网站购买游戏软件时，你的灵魂就会提供给Game Sation公司。如果你同意，那么就请点击“以下链接”。后半部分言外之意就是退会。普通人无论如何都不会同意将自己的灵魂交给他人。然而实际如何呢？

实际上这是愚人节的一个玩笑。虽然在24小时内该公司就撤回了该条约，但是Game Sation公布的结果为：“退会的仅有12%，剩余的88%约7500名消费者都同意了该项条约。”

这虽然只是欧美人开的一个玩笑，但是我们从中不难看出有多少人都没有仔细阅读使用规章便按下了同意键。

你能容忍到什么程度?

对企业收集个人信息的行为提出抗议，这很简单。确实，像上文所提到的智能电视一样，“视听信息的收集”这个选项不仅对消费者没有任何益处，而且即使消费者关闭该选项，信息收集也会继续。而对这种现象，消费者当然应该提出抗议。

手机公司也是一样，如果消费者的个人信息被用于其他用途（原本的目的应该是改善通话和通信的质量，而实际却被用于商业营销），应该重新征得客户的同意。

在以上两个例子中，消费者购买了智能电视、每月支付手机费用，所以不存在向企业提供个人信息的义务。

而Google和Facebook又是另一种概念。他们都是免费为客户提供服务的。我们之所以可以免费地应用这些服务，是因为他们向企业出售广告权，从而得到利益。如果没有广告，那么也许Google和Facebook都会向我们收费了吧。

也许有人会觉得广告很烦人。但是像Diasporra（译者注：开源社交网）和Altly（译者注：阿特勒社交网，目前国内没有统一译名）等重视个人隐私、标榜“反Facebook”的公司，因为没有广告收入，所以很难维持下去。这样看来，重视个人隐私的用户只能无可奈何地容忍他们了。但是，我想，作为用户来说，至少希望能够控制自己所看到的广告内容。

虽然会员卡的入会和退会都是自由的，但如果在认真阅读使用规则后，不同意企业收集自己的购买记录，那么就只能选择不入会。即使你很想入会，但也只能遗憾地离开了。很多时候我们在意的不仅仅是个人信息被购买店铺所知，而是他们的合作企业也会得到我们的个人信息。

最近，许多企业开始停止将客户的个人信息提供给合作企业，但是必须由客户亲自办理诸多手续，十分麻烦。例如，CCC运营的TCard在停止向第三方提供客户个人信息时，不仅需要用户提供TCard的号码，还需要雅虎日本的ID。如果你没有雅虎日本的ID，必须专门申请一个新的ID。

而且，随着企业的发展，它的合作企业会远比你成为会员时要多得多。你只能在企业主页上逐一地进行确认。如果发现不中意的企业，便需要办理手续。但是，如果万一反社会的企业伪装成了入会企业的合作企业，那么即使我们办理了退会手续，个人信息也很有可能已经流向了这个反社会的企业。而且，信息一旦流出，基本是无法被收回的。

有多少消费者是在知晓以上内容的前提下申请的会员积分卡呢？

本章小结

- 不仅是Google和Facebook等网络企业，超市、通信公司、银行等各企业都热衷于收集客户的个人信息并对其进行灵活运用。日本也不例外。
- “个人数据是新型资产”已成为欧美国家的共识。
- 既有擅自收集消费者个人数据的恶劣企业，也有我们无意识中同意提供自己个人信息的情况。
- 个人数据分为消费者自身提供的“志愿者数据”和根据个人行为记录的“测量数据”，以及通过分析这两种数据而得到的“推测数据”。
- 在使用免费服务和积分卡的时候，必须对一件事保持清醒的认识，那就是“在个人数据被企业以及合作企业使用的前提下，才会免费应用服务和得到积分”。

第2章

也许你不知道数据中间商，

但是数据中间商却知道你

Benesse泄露个人信息事件的冲击

2014年7月，教育公司“Benesse Holding”（译者注：倍乐生控股公司）发生了泄露客户信息事件，嫌疑人窃取了超过两亿的客户信息。这成为日本史上最大的泄露顾客个人信息事件。被泄露的不仅是“儿童挑战”“进研研究会”等顾客（会员）的信息，还包括该公司在全国各地的动物园和游乐园等设立的面向儿童的观光项目中所收集的非会员的个人信息。因此，该事件对拥有孩子的家庭造成了巨大的冲击。

事件之所以被发现是因为日语文字处理软件“一太郎”的开发。因为在教育事业崭露头角的“JustSystems”（译者注：日本一家软件开发公司，也叫平板公司）利用了那些从Benesse泄露的客户信息从而发送商品广告。

JustSystems就像在公寓名最后添加上顶名如“东京大豪宅”一样，标记该公寓中有在Benesse登录的顾客。原本只有Benesse知道该公寓中有自己的会员，为什么JustSystems的商品广告也会寄到“东京大豪宅”呢？这让有些顾客感到很不解，向Benesse询问此事，经过调查才发现了信息泄露事件。

什么是名册店

该事件的开端是Benesse的子公司中担任管理顾客信息系统的派遣社员（系统工程师）利用自己的权限盗取了顾客名单。该嫌疑人因急需用钱便将名单卖给了东京都内的三家名册店。泄露出去的名单在多家名册店之间反复被买卖，最后落到了JustSystems的手中。

该事件的聚焦点在于“名册店”的存在，名册店就是以出售那些记载着姓名、住所和电话号码的名单为主业的店铺。他们有如“某某大学某某学科的毕业生名单”“上市公司的员工名单”等诸多名单。名册店所拥有的名单远远要比我们想象的要多得多。

如今，进入JustSystems购买Benesse顾客名单的名册店A的主页中还可以看到：“小学六年级学生的数据（初中入学考试辅导班可以参考）”“18岁女性的数据（经营成人礼服装的店铺可以参考）”等标题堂而皇之地写在上面。其他还有“投资用公寓购买者的名单”“函授教育课程购买者的名单”，等等。

而贩卖给名册店A顾客名单的名册店B的主页还拥有如“2000年度生（小学一年级学生）=1234642人”“在网上购买减肥产品的人=354642人”“爱赌博的人=356338人”等许多个人数据（数字为该书执笔时的数据）。

孩子的信息尤为珍贵

如上文所述，名册店贩卖着各种各样的名册，而其中最具价值的就是关于孩子的名册。受到2005年所实行的个人信息保护法的影响，就连学校对联络信息的发布都很谨慎，不会轻易制作关于孩子的姓名、住址和生日等信息的名册。随着2006年《居民基本台账法》的修改，以营利目的是无法阅览居民基本台账（记载着姓名、生日、性别、住址四项的台账）的。这样便使名册店失去了获取重要信息的途径。

结果造成大规模收集2006年以后出生的孩子的信息成为一件非常困难的事情。事实上，上文所提到名册店B的网站中也没有关于2005年度以后出生的孩子的名册。合法获取个人信息的渠道只有像Benesse那样，以礼品为交换实行问卷调查，从正面获取孩子的个人信息。

正因如此，自古以来便以面向孩子的教育为中心的业界最大企业Benesse所拥有的顾客信息，才会让JustSystems和从事英语教育事业并也曾购买过名单的ECC（译者注：日本ECC语言学院）等教育关联业者们如此垂涎。

从Benesse泄露出去的顾客信息包括顾客（孩子和其监护人）的姓名、住址、邮编、电话号码（座机以及手机的号码）、孩子的生日和性别等。尤其是孩子的生日这一项，大大提升了名册的价值。孩子的成长信息对于那些辅导班、英语学校、专门学校，以及销售学费保险、生命保险的保险公司和成人礼服装店、西装店等来说都大有用处。而且，从中学入学到就职这一段相当长的时间内，这些企业可以在孩子们入学、毕业、成人礼、就职等许多准确的时机直接向他们发送邮件。

监护人的姓名对于这些企业来说也十分重要。例如，企业可以在那些大多数以实名登录的Facebook上搜索监护人的名字，于是便能够准确地确认本人的居住地。也许还可以看到他们的学历、工作，并推测出年收入。从而就可以创建出“在年收入1000万日元的家庭中的考生”等非常有价值的名册。

不为人知的信息采集人的实际情况

2014年9月8日，日本广播协会的节目《早间新闻》中就曾播出过“下一个被瞄准的是主妇！？”“在信息泄露中保护自己”的特辑。节目中出现了一位自称曾经营名册店的人物，他回答了以下问题：

——被泄露的个人信息究竟是什么?

“医院的患者名单（住址、姓名、生日、所患疾病和是否手术等）、工商会名单（代表者姓名、住址、资金、所拥有的企业名）、银行客户名单（个人存款及贷款的余额）等。世界上有许多用个人信息换取金钱的人，个人信息就是从他们的手中被泄露出来的。”

——个人信息值多少钱?

“平均20～30日元（一人份），如果是非常有价值的信息便会超过100日元。通常那些记录着电话号码、邮箱地址和财产状况的名册价值很高。最便宜的是只有姓名、住址、电话号码、邮箱地址的信息，只值20～30日元。加上生日、家庭构成和职业，便可以卖到50日元。如果再加上年收入和孩子的学校名，就会达到100日元。那些包括个人兴趣爱好的信息，如进行网络购物或参加房屋展览会的记录，这样的信息每个人可以卖到200日元。”

——哪里最容易泄露个人信息？

“路边问卷。使用中的化妆品、去美容院的频率等一些与美容相关的业者那里通常会有大量的个人信息。另外在卡拉OK和漫画茶馆等使用会员卡时也很有可能泄露个人信息。有些店铺的工作人员会将这些数据贩卖给名册店。”

节目中只介绍了这些内容。除了那些一边倡导个人信息保护法，一边却堂而皇之地在主页上贩卖名册的“明面上的名册店”以外，那些“暗地里的名册店”更让人觉得可怕。暗地里的名册店涉及那些交友网站的会员名单，色情DVD购入者名单，弹珠、赛马必胜法等信息购入者名单，健康食品购入者名单，多重债务者名单等。这些名单中的客户就像吸毒者一样，对同样的服务会花无数次钱。因此，这些名单演变成了“可游说的顾客名单”而被高价交易。

而且，一些名册店会联络大企业的员工将自己公司所记载的“多重债务者名册”出售给他们。总之，所有出售“个人信息”的人都是以获得金钱为目的的。

专栏 以个人信息要求“赎金”的时代

虽然Benesse事件是内部人员利用自己的检索权限盗取了个人信息数据，但是一般情况都是外部人员利用一些黑客手段潜入数据库从而窃取客户个人信息。

被盗取的信息就像Benesse事件一样，被卖到名册店并马上转化为现金。但最近也有许多没有被马上出售的现象出现。

2014年6月，某黑客公司盗取了美国达美乐比萨外卖公司的60条关于法国和比利时客户的个人信息，并拿此要求达美乐公司支付其三万欧元（约410万日元）。被盗取的信息包括客户的全名、住址、电话号码、电子邮箱、密码等。

该黑客集团自称“世界之王”，他们先将一部分盗取的信息公布出来，然后威胁达美乐比萨公司，如果达美乐比萨公司满足他们的要求，便可以不公开所有信息。

这个事件的棘手之处在于，黑客手中的数据可以被无数次复制。即使达美乐公司满足了黑客的要求，但也不能保证他们不将原信息进行复制。

达美乐比萨公司坚决表明“无论如何都不会屈服于犯罪组织”，并报了警。

五个月后的11月2日，黑客集团将法国的约50万名和比利时的55000名客户信息公布于互联网上。被公布的内容包括姓名、住址、电话号码、电子邮箱等。该黑客集团以前就有过这样的前科——盗取企业客户信息，要求企业支付“赎金”，而在没有被满足的情况下将客户信息公之于众。

在众所周知的个人信息就是金钱的今天，这样的事件很有可能再次发生。尤其是极度恐惧失去信用度的日本大企业，对于黑客来说可能是绝好的攻击对象。

以美国为活动中心的数据中间商

“也许你并不知道数据中间商这个职业，但是数据中间商却知道你。他们知道你的住址、你所购买的东西、你的收入、你的民族、你孩子的年龄、你的健康状况和你的兴趣爱好，等等。这个行业存活于黑暗之中。而他们所引起的事件却足以让你感到震惊。”

▼表2-1　主要的数据中间商企业与其概要

1	Acxiom（译者注：美国安客诚公司）	为市场营销宣传活动提供消费者数据。几乎涵盖了所有美国消费者的信息，拥有全世界约7亿的消费者数据（约3000项）
2	Corelogic（译者注：美国科络捷公司）	主要向私人企业和政府机关提供消费者数据、金融数据和房地产数据。拥有79500万以上的房地产交易数据、9300万以上的贷款申请数据、美国居住用房地产中99%的数据，总共拥有超过14700万条记录

3	Datalogix（译者注：一家提供数字化市场营销数据服务的公司）	向营销公司提供几乎所有的美国家庭和超过一兆以上的消费者交易数据。2012年9月，与Facebook合作，分析了Facebook上10亿多用户的购买习惯。2014年12月，被美国甲骨文公司收购
4	eBureau	向市场营销者、金融服务企业和电子商务企业提供一些关于“谁会成为价值最高的顾客”“哪些交易与诈骗相关”等预测和分析。每月都会新增30亿条记录
5	ID Analytics	主要提供一些关于人物的身份确认、辨别某些交易是否正常的分析服务。该公司的网络由数千亿的数据点和11亿的ID构成，拥有14亿条消费者交易记录
6	Intellus	为企业和消费者提供身份调查信息和公共记录信息。拥有超过200亿条记录
7	Peek You	拥有60个以上的社交媒体、消息来源、主页、博客目录，用特殊的技术向顾客分析消费者的详细信息
8	Rapleaf	拥有与美国80%以上的消费者的电子邮箱相关的信息
9	Recorded Future	收集有关消费者和企业在互联网上的记录，预测他们未来的行动。截至2014年5月，拥有超过50万条互联网信息

这是保护消费者隐私的美国联邦交易委员会（FTC）会长伊迪斯·拉米雷斯关于“数据中间商”的描述。数据中间商是从数据源（公开与非公开的情报）中收集有关消费者的各种信息，编辑之后出售给第三方的企业。Acxiom、Corelogic、Datalogix都是数据采集公司（如表2-1）。

数据中间商拥有庞大的个人数据。其中最大型的企业为Acxiom，它拥有着包括几乎所有美国消费者等全球7亿多人的信息，其网络性非常高。2001年9月11日美国发生恐怖事件时，CNN就曾报道过“Acxiom在公司的数据库中确定了19名劫机者中11人的所在地”。

数据中间商与日本的名册店相近。但是，在活动范围、所收集信息的质与量等方面，数据中间商都远比名册店强大得多。据说数据中间商的行业市场规模已经超过了2000亿美元，上文中所提到的Acxiom拥有8000多家公司客户，2013年的销售额约为11亿美元。仅有几名员工的日本名册店与之相比，可以说是小巫见大巫。但是，在美国，数据中间商行业也被看作“阴影商务”“美国社会的暗边”。这点与日本的名册店是一样的。

数据中间商都在收集什么信息?

数据中间商收集的信息多种多样，姓名、住址、电话号码等基本信息自不用说，还包括性别、年龄、人种、家庭构成、学历、职业和年收入等统计数据（人口统计学的属性数据）。而这仅仅是个开端而已。兴趣爱好是什么？坐什么车？是否热衷于网络购物？是否已婚？是否吸烟？是否是左撇子？是租房一族还是拥有自己的房子？是否对减肥感兴趣？健康状况如何？有多少存款？SNS（Facebook、Twitter）的ID是什么，等等。这些信息都会被他们所收集。

然而，被收集的信息还不仅如此。最近拥有较高市场价值的是关于婚姻、孩子，以及孩子入学等有关人生阶段的数据。一些数据中间商甚至拥有上班族的工资明细。表2-2便是数据中间商所收集的个人数据的例子。

▼表2-2 数据中间商所收集的主要个人数据

1	本人识别信息	姓名（曾用名）、住所、搬家记录、电话号码、电子邮箱等
2	细微信息	社会保险号码、驾驶证号码、生日、家人的生日等
3	人口统计数据	年龄、身高/体重、性别、人种/民族、语言、婚姻状况、子女状况、职业、教育水平等
4	公共数据	破产记录、犯罪记录、资格证书等
5	社交媒体信息	用户名、友人（数量、属性）、网上的影响力、投稿记录、上传的照片等
6	居住信息	房子的大小、是否拥有自己的房子、房间构造、购房时的价格、市场价格、房租价格、有无车库、有无泳池等
7	平时关心的信息	喜欢服装、爱好赌博、定期购买的杂志、是否有宠物、喜欢的音乐类型、爱好、捐赠记录等
8	金融资产信息	收入、有无股票和债券、有无贷款、信用情报、生命保险、是否拥有信用卡等

9	个人用车信息	是否拥有车辆、喜欢的牌子、车牌号码、购入日、市场价值等
10	购买行为的数据	支付方法、购买记录、购买的渠道（互联网、电话等）、最后购买日、购买金额的范围、购买频率等
11	健康数据	是否吸烟（包括家人）、是否为过敏体质、是否对减肥/美容/有机食材/胆固醇/糖尿病关心、对网上销售的药品是否关心等

当然，那些被法律保护、严禁收集的数据除外。例如，美国的联邦法规定，病人的医疗记录和与医师之间的交谈记录是禁止被收集的。关于信用信息（有关个人支付能力的信息）的出售也存在严格的规定。在日本，信用信息一般仅限于申请信用卡或贷款时使用，而在美国，租赁房屋、申请保险、求职等许多方面都受信用信息的影响，不能擅自将其提供给第三方。因此，企业在购入信用调查书前，必须征得本人的同意。

反过来说也就是，除医疗记录和信用调查书等一部分数据之外，我们无法控制消费者的数据是否被出售。

数据中间商拥有的数据一般可以被分为两类——“核心数据”与“推测数据”。核心数据是指住址、电话号码、年龄、学历、职业、兴趣和商品购买记录等那些直接由数据中间商收集的数据，或者从其他公司购入的“真实”数据。推测数据是从核心数据中推测出的如喜欢的车型（运动型、RV车、高级轿车）和喜欢的食物（日本料理、意大利菜、法国菜）等数据。也就是说，核心数据是没有经过任何分析处理的数据。

这里我们举几个具体的例子进行说明。例如，A在网站上为上小学的儿子订购了一双足球鞋。关于A的购买信息会被他所利用的店铺和其合作企业所共享。被共享的核心数据如下：

- **A对足球鞋感兴趣。**
- **A有孩子。**
- **A在互联网上进行购物。**
- **A可以在网上看到广告。**

通过该购买行为得到的推测数据如下：

- **A好像喜欢网络购物。**
- **A买足球门票的可能性会很高。**
- **A也许会为上小学的孩子购买学习教材。**

就是这样，从推测数据中预测特定行为发生的可能性。

数据中间商从哪里收集信息？

核心数据的获取分为在线和离线两种途径。离线数据是从国情调查的数据、不动产登记簿、附带抵押权的不动产记录、汽车驾驶证、违反交通记录、向法院提交诉状、与日本居民基本台账相同的记录、信用卡、在超市或便利店的会员卡，以及其他从数据中间商等非常广泛的途径中获得的数据。

例如，从会员卡中收集数据的Datalogix公司拥有1400家以上的小卖店顾客、超过一兆美元的购买数据（但是，我们不知道这些数据是不是这些店铺出售给他们的）。

上文中提到的收入明细信息，数据中间商可以从雇用单位中购买。另外，许多州都会将包含着政党登录信息和投票频率的投票记录以商业目的进行贩卖。

在线数据是在浏览器的“Cookie”（作者注：Cookie可以识别浏览器，在访问网站的时候会记录用户的浏览信息）和Twitter、Facebook、LinkedIn等以SNS为主的数据源中获取的数据。例如，你所关心的事情、居住地、出身地、曾经和现在的工作单位、朋友的数量等这些数据都可以轻松地从SNS中收集。还可以收集到谁经常使用Twitter等信息。

与日本名册店不同的是，数据中间商有时会同时使用在线数据与离线数据。上文中所提到的Datalogix公司在2012年9月公布与Facebook进行合作。合作后，Datalogix会对在Facebook上看到广告后去店铺购买的消费者进行追踪。

集中核心数据便会产生推测数据。例如，知道某个人的住址、人口统计数据（年龄、性别、职业、收入、学历、居住地区等人口统计学的属性），就可以推测这个人是否富裕。如果一个人在露营用品网站上频繁购物，那么就可以推测这个人对SUV汽车的关心度要比对运动型汽车的关心度高。如果每周都在婴儿用品店购物的话，恐怕就是有新生儿的家庭。

但是，数据中间商所持有的数据也不一定百分之百的准确。因为一些推测数据包含着从邻居居民和他人特性中所推测的数据。例如，在富裕阶层住户较多的地区，不一定所有人都是有钱人。

数据中间商为什么收集这些个人信息？

与日本的名册店相同，许多情况下，数据中间商都是为了支援企业的营销而收集数据。更直接地说，是为了更有效率地销售商品。在消费者有很多选择的现代，店铺几乎不可能事前就掌握顾客的喜好从而向顾客推荐合适的商品。看不见顾客面容的网上购物更是如此。因此，对于那些想尽量提升销售额的企业来说，为了提前掌握顾客所关心和所需要的商品，并适时地为其提供服务，数据中间商手中的信息就变得非常有价值。

Cookie中包含可以识别浏览器的识别子，在访问广告公司的时候，它的合作公司也会收到该记录。

原本，百货商场的外销部门是向一部分超优良的顾客提供一对一的服务。一些面熟的店员会非常努力地向你推荐商品。但是，在如今一秒钟的时间内就会有数个订单成交的网络购物中，这种一对一的服务根本跟不上顾客的步伐。

因此，广告商为了准确地将广告展现给有可能购买产品的顾客，会充分利用在线/离线的购买记录或互联网广告点击记录。例如，你想在互联网上购买一双运动鞋，也许在你登录浏览器的时候，便会看见一些有关运动服和健身馆的广告。因为，运动用品店和健身馆对该浏览器支付了广告费用。

同样，面对一般消费者的B2C（译者注：即商对客的电子商务模式）企业也很想得到对自己所销售的商品感兴趣的客户名单。也就是说，因为有需求存在，所以才会有数据中间商这个行业的出现。例如，一些为获得白金卡/金卡会员的信用卡公司，会向数据中间商提出这样的委托："想得到居住在特定地域（富裕阶层居住率高的地区），年收入超过2000万的消费者名单"。

受到委托的数据中间商毫不费力地就可以拿出符合条件的名单。如果是生命保险公司，也许会从数据中间商那里购买"拥有孕妇或新生儿的家庭名单"，他们会根据这份名单劝诱顾客购买高额的生命保险或加入学费保险等。如果是网络购物公司的话，就会向这些家庭投递印有婴儿服和婴儿玩具的商品指南。

数据中间商拥有如"过敏患者""酒精依赖症患者""赌博依赖症患者""减肥中的人""成人玩具购买者""同性恋""经常在互联网上搜索特殊疾病和处方药的人"等各种种类的名单。于是，这些名单便会被一些商家所利用。某健康保险公司从数据中间商那里购买了一份"最近想要购买XL号衣服的人"的名单。其表面理由是"借免费提供减肥计划而挑选客户"，实际上很有可能是用于将来保险的加入审查。

我们是否有办法阻止个人信息的被收集和被共享?

虽然我们有办法阻止个人信息被数据中间商收集和共享，但这并不是一件容易的事情。许多数据中间商会向消费者提供消除他们所持用的个人信息的服务。或者，至少可以让消费者选择退订邮件广告。例如，大的数据采集公司会提供将与电子邮件相关的信息从追踪公司中删除的“永久删除”服务。

但是，实际上，为了有效地删除这些数据，必须找到可以掌握美国数十家数据采集公司的所有数据的方法。

另外，数据采集产业有一个无法轻易消失的原因。那便是银行、保险、医疗、通信、汽车、零售业等拥有社会信用的大企业，甚至政府机关都是数据中间商的顾客。

例如，Acxiom的顾客中47家是财富100（全球企业总收入排行榜）中的企业，7家是个人银行前十名中的银行，11家是汽车制造商前14名中的公司，9家是排名前十位的保险公司。也就是说，在美国的产业界，为了得到顾客的信息，数据中间商是个必须存在的职业。

日本也是一样，通过Benesse事件，JustSystems与大型英语会话学校ECC等全国的补习班和预备校、和服专卖店等数十家公司购买名单的事情公之于众。我们所知道的这些企业只是冰山一角，还有许多知名的大企业也从名册店中购买名单。一旦政府对名册店进行规制的话，也许会出现许多反对的企业。

“记分化社会”的到来

数据采集者在收集了消费者的所有数据之后，等待着我们的便是“记分化社会”。就是有关消费者的数据（年龄、性别、家庭收入、住址、健康状态、购买记录、信用卡还款记录等）都会被记分化。根据这些分数，社会就会不知不觉地被“等级化”。

已经在美国社会广泛渗透的“信用记分”让人们预见到在不久的将来“记分化社会”的样子。信用记分是利用信用卡、消费者贷款、住宅贷款、手机、公共费用、房租、用品租借等，以个人使用和返还的记录（信用记录）为基础，用独自的计算方式评价出消费者的信用度。

信用记分是通过信用情报机关计算出来的，它不仅会被应用于贷款与信用卡的申请，就连入学和就职等也会受到它的影响。也就是说，信用记分低的话，利息就会变高，贷款也会相对较难申请，并且会对求职不利。

除了信用记分以外，数据中间商还会以收集到的数据为基础开发出独特的“记分制度”，从而用于商品化销售。这里举几个例子。

1. 自由裁度支出索引

简单地说，就是将某个家庭拥有的金钱余力数据化，是为了营销的一种记分制度。这种制度将各个家庭分为1000个等级。网购公司也许会向那些具有巨额消费倾向的家庭发送载满高价商品的广告，相反不会对几乎没有金钱余力的家庭发送任何广告。

2. 捐款记分

对那些经常捐款，对慈善感兴趣的家庭进行预测记分。得分越高，说明他们越有可能捐更多的钱。可以说这是重视慈善文化的美国的产物。

3. 职业稳定记分

从个人简介、经历和经济环境中预测失业的可能性和今后的收入。如果通过预测得知其收入很稳定，那么就会预测他按时还贷款的概率很大。这对失业率很高的美国来说，是一个重要的记分制度。

专栏　高涨的社交媒体评分

随着Facebook 和Twitter等社交网站在消费者中广泛应用，利用社交网站评分也成为一股热潮。

其中一个领域便是“社会贷款”，管理消费者参与金融的信用名单。美国的金融风险公司Lend Up就会在得到贷款申请者同意的情况下，打开其Facebook或Twitter，辅助贷款审查。

例如，如果一名申请者在社交网站中拥有4000个好友，而其中几乎不交流的好友占大多数，另一名申请者只有30个好友，却都保持着密切的联系，那么后者通过贷款申请的概率会更大一些。

总部设在菲律宾的金融企业Lenddo也会从Facebook中推测借款人的偿还能力。

另一个体现出社交媒体影响力的领域是“Kbut Score”（卡巴特得分，Kbut是一家国家公共电台的分站，位于美国科罗拉多州）。例如，美国大型航空公司美国航空限定Kbut在55分以上的用户可以免费使用全球40多家指定的免费休息室（目前已经结束）。

另外，还有一些企业将Kbut Score作为录取员工的条件。客户服务大型企业Salesforce（译者注：软件营销部队或软营）公司就是如此。该公司在2012年9月的“地区经理”招聘中所设置的条件之一就是“Kbut Score在35分以上。”

“记分化社会”的可怕之处在于，本人在不知道的情况下就被收集了个人信息，并将此记分化，从而受到差别对待。其实，严格地说，记分化社会并不应该存在。但是，在贷款申请或就职时，我们的社会评分成为一个判断的条件，这也不是一件坏事。

记分化是否意味着等级化?

无论我们是否愿意，记分化社会都在一点点地进行着。

美国就围绕着记分化进行了各种各样的试验。这里我们举几个例子进行说明。

根据电脑系统推测个人喜好的网站

运营旅行网站的Orbitz Worldwide（译者注：是由美国五大航空公司于2001年成立的在线预订网站）公司在2009年招聘了曾就职于大型旅行公司Expedia（译者注：全球最大的在线旅游公司）的高层——潘尼·霍弗德。他首先挖来了Ebay（译者注：易贝）和Google的统计专家，在公司内组成了一个分析团队，着手分析一些数据。

霍弗德所率的分析团队有一天发现，在一些酒店，用电脑预约的客户中，使用Mac系统的要比使用Windows系统的多。这些酒店有一个共同的地方，那就是他们的大厅内都有供客人们交流的高级区域。进一步分析发现，Mac用户所预约的房间费用会比其他系统的用户一晚多20～30美元。如果使用Orbitz网站预约酒店的顾客平均住宿费为100美元，那么这个差距是非常大的。另外，Mac用户预约四星/五星酒店的倾向是其他系统用户的1.4倍。

根据这个分析结果，该公司更改了搜索结果的显示顺序。例如，如果搜索纽约地区的酒店，Mac用户所看到的搜索结果的第一页显示的是高级酒店，其他系统的用户看到的就是中级酒店。另外，在点击酒店之后，Mac用户看到的房间选择画面中房价高的会排在上方。

这就是企业利用用户电脑系统更改搜索结果显示顺序的例子。其他领域也有相似的例子。例如，据某个EC网站分析，“相比台式电脑和笔记本登录的用户，平板电脑（iPad）用户会花更多的钱”“苹果终端（iPhone等）的用户比安卓和黑莓终端的用户的平均购买金额高”。

对节俭的人大幅度降低汽车保险的费用?

英国的大型连锁超市TESCO的集团公司TESCO银行所销售的“TESCO汽车保险”会询问保险购买者是否拥有TESCO的会员卡（积分卡）。如果有的话，会以赠送积分为由而获取客户的会员卡号码。TESCO银行会根据该会员的会员号分析他们的购买记录。然后会从购买倾向中判断该客户的“汽车事故风险率”，如果风险率低，最大可降低40%的保险金。具体的标准如“是否频繁购买酒精饮料”等。

这种利用签约者的行为记录从而降低保险金的保险公司不只有TESCO银行。英国的银行、保险集团Lloyds Banking Group（译者注：劳埃德银行）的保险公司Scottish Widows也是如此。该公司认为那些“按时还信用卡”“银行卡余额固定”的客户在开车时也不会冒险，会特别谨慎小心。该公司利用这个关系会给顾客最大减免20%的保险金。

这样听来，那些“花钱大手大脚，习惯浪费的人”他们的保险金会比正常人高。其实不然，该公司只利用这些信息实行减免政策，并不会对有浪费习惯的人提高保险金。

乍一看，保险金降低对消费者来说是百利而无一害。但是，针对企业擅自使用客户的个人信息（购买记录、存取款记录）这一点，社会上还是有许多批判的声音。对消费者来说，他们从来没有想过自己的购买记录和存取款记录会被如此使用。

专栏　在“价格差别”中摇曳的美国EC界

像Orbitz Worldwide那样利用用户的电脑系统更改搜索结果的显示顺序，这个行为虽然会成为话题，但并不会被看作问题。但是，利用用户的个人数据来更改价格的EC网站却受到了不少抨击。

在决定价格的基础上参考数据是一个特殊例子，而利用IP地址推测用户居住地和使用客户网页浏览记录的例子却非常多。例如，提到日本的高级住宅区，人们便会想到东京的港区（麻布、白金台、高轮等）和世田谷区（成城、奥泽、深泽等），在这些地区登录网站的顾客，就会被判断是有钱人，于是企业便会针对他们提高商品的价格。另外，如果客户的浏览记录中出现许多相同商品的不同网站，企业就会判断其倾向于价格比较，于是显示的商品价格就会自动降低，还会免去运费。

除了EC网站，有些实体店铺也会根据地域不同对商品采用不同定价。例如，加油站在竞争激烈的地区和竞争不激烈的地区的价格就会不同。

实行价格差别的那些企业的借口是“不同地域所需要的人工费不同，因此价格也不同”。但是，消费者认为“无论从什么地区登录网站，商品的价格都应该是一样的”，所以他们对此强烈反感。

随着企业对个人数据收集的加剧，今后不仅是个别领域，我们生活中的许多领域都有可能受到影响。也许“记分化社会”真的会到来。

例如，顾客在前往银行窗口的时候，银行会通过智能手机对本人进行识别，在本人不知道的情况下，便会根据该客户的“富裕度记分”改变客户的等待时间。如银行从数据中间商手中得知A拥有高级进口汽车，而B只有大众普通汽车，于是，即使A在B之后来到银行，也可以立即办理业务，而B却只能一直等下去。虽然这个例子比较极端，但是谁也不敢保证这种事情不会发生。

社会对于数据中间商的强大压力

虽然，至今为止数据中间商的活动都被认为是合法的，但是随着消费者的个人数据被商业化、被用作信用评价的例子越来越多，美国政府开始实行对数据中间商强化监视的方针政策。

2012年3月，FTC（译者注：英国金融培训集团）发表了论文《在飞速变化的时代中如何保护消费者的隐私》，为了解决数据中间商对收集的信息用途不透明的行为，论文提出了将数据中间商拥有的数据进行登录的建议。同时，为了进一步提升透明度，要求数据中间商在网站上公开如何收集和使用消费者的数据。

但是，几乎所有的数据中间商对FTC所提出的要求都持无视的态度。也就是说，消费者依然无法确认自己的信息是否被收集，即使信息是错误的，也无法对其进行修正。用户的个人财产信息和健康信息等敏感信息被分析后在求职和贷款中会被差别对待，联邦政府的监督机构和拥护个人隐私的团体对此行为不断提出警告。如果数据中间商所拥有的个人信息是错误的，那么将会对企业的重要决定造成重大的影响。

针对这种让人恼火的状况，FTC委员会的委员朱莉在2013年6月华盛顿举行的“电脑自由与隐私会议”上呼吁“消费者有权利知道数据中间商所拥有的关于自身的数据”。

无法进展的立法化

2014年5月，FTC发表了名为“数据中间商：透明性和责任说明”的论文。该论文将至今为止FTC的主张总结为以下四点，并对议会提出将其立法化的提案。

（1）明确消费者到哪里向谁可以确认数据中间商手中关于自己的信息。构建网络门户，让数据中间商在上面公开所收集的个人数据的用途，并为消费者提供退出链接。

（2）数据中间商不仅要将“基本数据”（姓名、住址、年龄、收入等）还要将“推测数据”简单明了地让消费者知道。尤其是有关疾病等健康信息的确定。

（3）如果数据出现错误，数据中间商要保证消费者可以对记录进行修正。

（4）直接收集消费者数据的企业，如果要将数据共享，必须通知消费者，并为消费者提供“拒绝”的选项。另外，为了保护健康信息等敏感信息，在收集这些信息之前需征得消费者的同意。

FTC的这些要求都是意在让数据中间商将如何收集、使用数据公开透明化。而且，如果数据中间商持有的数据有错误，要为消费者提供修正的机会和“退出”的选项。并且要保证消费者的个人数据在其申请信用卡和生命保险、医疗保险或求职时不受到不利的影响。

FTC从2012年3月末开始不断地对数据采集业提出强化规范提议。另外，美国政府在2012年2月末发表的《消费者隐私权利章典》（作者注：详见第5章）中也明确要求强化消费者了解自己的个人数据的权利，请求议会将其法制化。但是事实上，法制化并没有得到进展。

因为，如上文所叙述的那样，美国的产业界和政府机关无法与数据采集业脱离关系。日本也是一样，虽然因为Benesse事件，社会上要求修改个人信息保护法和强化规制的呼声越来越高，但是和美国一样，将其法制化的可能性很低。

当即急需的“被告知权利”

在日本，名册流通法制化应该属于个人信息保护法。但是个人信息保护法的现状为：拥有名单的企业如果在主页上显示“如本人要求，可以停止向第三方提供”的字样，那么事实上该企业就有转卖名册的可能性。而从这种企业手中购买名单的名册店只要说“不知道这些名单是被盗取出来的”，那么警察就拿他们没办法。因此，消费者根本无法掌握自己的信息被什么样的产业所利用。

2015年，日本向通常国会提议，对现行的个人信息保护法进行修改，使名册店与古董销售行业一样实行登录制，并认为获得个人数据的行业应该有义务保证不将消费者的新消息提供给第三方。对于如今一旦个人数据泄露，便会瞬间扩散的现状，首先名册店在获得消费者信息的时候应该第一时间通知本人。

如果被通知的消费者拒绝名册店持有自己的信息，那么名册店应该立即删除该数据。对于那些无视消费者意愿的名册店，应该给予罚款或停业的处分。

本章小结

- 日本的“名册店”是以贩卖“18岁女孩的数据”“以投资为目的的购房者名单”等包含姓名、住址、电话号码等数据的行业。信息获取来源为医院、银行、街头问卷、娱乐场所的会员卡信息等多种途径。

- 美国的数据产业的市场规模为2000亿美元，从活动范围、所收集的信息的质和量来看，都远远超过日本的名册店。

- 随着数据中间商过度收集信息，日常生活的所有方面都有可能以数据为基础将消费者记分化，从而差别对待消费者。

- 与日本的名册店相同，美国对数据采集行业的批判也很强烈，但是保险、医疗、通信、汽车、零售业等社会上具有较高信誉的大企业，以及政府机关都是数据采集业的顾客。所以，强化规制数据采集业无法法制化。

- 消费者拥有“被通知的权利”。消费者有权知道自己的数据被什么行业使用。

第3章

我们的个人数据到底值多少钱？

如果不付钱，你的信息就会当作商品出售

“如果你不付钱，那么你就不是顾客，你只会被当作商品出售。”

在美国这是一句经常被用来揶揄网络企业的格言，尤其是对Google和Facebook的讽刺。

Google 590亿美元、Facebook 115亿美元——将美国网络广告市场一分为二的这两大公司的广告收入额十分可观。广告的基础是使用者的搜索记录与阅览记录、个人简介、交友关系、发布内容等个人数据。也就是说，消费者所产生的数据都被变成了商品。而且，这些数据所创造的价值一分都没有到消费者手中。

市场规模在2000亿美元相当于日本EC市场规模2倍的数据采集产业也是一样。他们的销售额都是由四处收集来的消费者个人数据所创造的，当然，消费者也没有获得任何回报。不仅如此，消费者还有可能在不知不觉中被记分化，在某种场合中受到不利影响。

消费者应该对这种状况提出异议，个人数据就是金钱。如今，正是控制个人数据流通的大好时机。

“我的个人数据一天能卖两美元吗？”

在JR东日本向外贩卖IC卡“Suica”用户的乘车数据时，引起了消费者的强烈反感：“这是泄露个人隐私！”“我们没有得到任何好处，不要擅自利用我们的数据来赚钱！”……反过来看，这同时也体现出了一些消费者的想法，他们认为如果能够获得正当的回报，那么也可以向企业提供自己的个人数据。

在Kickstarter（译者注：是一个专为具有创意方案的企业筹资的众筹网站平台）上请求提供资金的费德里科

▲图3-1　费德里科

仔细思考一下便会发现，如今我们所生活中的每个角落都在被提取着个人数据。只要你拿出便利店的会员卡，就会看到你的购买记录；只要你浏览网页，根据你的浏览记录就能判断出你点击了网页的哪个部分。于是有些人产生了这样的想法："反正我们的信息会被提取，不如我们自己将它出售。"

费德里科·赞尼尔先生便将此想法变成了现实。他是纽约大学研究生院的一名意大利学生（图3-1）。从事软件开发事业的费德里科记录着自己每天的生活，并将这些电子数据进行出售。至于原因，他是这样说的：

"我对自己的个人数据进行了记录，现在我要将这些全部出售，要看看它们到底值多少钱。我每天都会花费几个小时上网。其间，Google和Facebook这些企业为了它们自身的利益在不断地使用着我的在线信息（访问的网站、我的朋友、我所观看的视频）。

美国2012年的广告收入约为300亿美元。而我没有从中得到一美分。如果我将自己所有的行动都记录下来会怎么样呢？最少能获得两美元的回报吧。

我开始观察经常访问的网站，在隐私条约中会看到这样的文字：同意该目录被世界非垄断组织使用/复印/处理/更改/变更/公开/发送/表示/派发。

费德里科将自己在某日访问网站的数据图像化

费德里科访问某网站时的鼠标轨迹

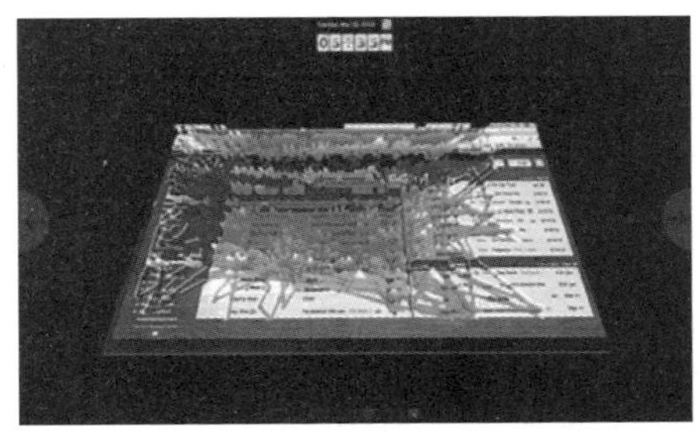

费德里科在某天（24小时）的位置轨迹

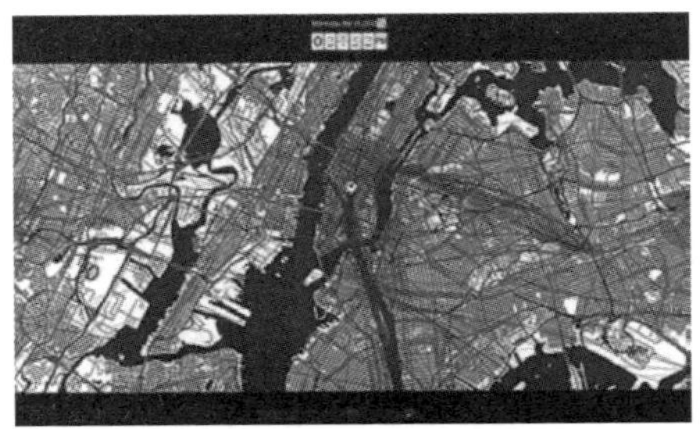

▲图3–2　费德里科的在线行动记录

有人对我说：‘我们出生在数据时代。计算机时代已经结束了。在这新型的经济圈中，数据就如同石油一样’，就是这句话让我产生了要试行这个计划的想法。

从2月开始，我将自己所有的在线行动（所访问的HTML页面、点击的位置、谈话的记录、电子邮件记录、Facebook的发言、自己所看画面的截屏、电脑的摄像头画面、位置信息、所使用的手机软件）都记录下来。我将个人隐私可视化，希望能够得到外界的购买（图3-2）。”

他从2013年开始记录自己的行动，卖出了约50天的行动记录数据，具体内容如下：

- 访问的网页（名单）
- 每隔30秒的截屏画面（附带时间）
- 每隔30秒网络摄像头所录下的画面（附带时间）
- 软件记录（使用手机软件的时间）
- 浏览器列表的开关时间
- 位置信息（纬度和经度）
- 网页上的鼠标轨迹（鼠标的坐标推移）
- 访问最多的网站信息（每天不同）
- 搜索最多的关键词（每天不同）

约50天所累积的数据中有超过21000张网络摄像头所拍摄的照片，19000多张截屏画面。费德里科在众筹网站Kickstarter（作者注：想要生产产品和作品的创造者在互联网公开自己的创意，对该创意感兴趣的人会为其投资）上将所记录的数据以一天2美元、一周5美元、50天200美元进行出售。

他之所以利用众筹网站，是因为他想让那些和自己拥有同样想法的伙伴也能如此出售个人数据，从而为扩展浏览器功能、开发手机软件而筹集资金。

他在Kickstarter的页面上这样写道：

“如果更多的同伴能和自己一样，那么营销商在使用我们的个人数据时，就会支付相应的报酬。而如果不这样的话，个人数据无偿提供给企业的状况就会一直持续下去。”

从2013年5月6日开始的30天中，他从13名志愿者那里成功地筹到了2733美元的资金，完美地使这次试行落下帷幕。

进一步说，他通过该试行想要诉求的是，要将自己的个人数据从企业手中夺回来，对擅自收集消费者的个人数据并无偿使用的社会现状提出异议。

拍卖自己个人数据的荷兰学生

面对企业持续榨取消费者个人数据而消费者却丝毫没有得到任何回报的现状，提出异议并将自己的个人数据出售的不仅有费德里科，荷兰学生肖恩·布科斯也做出了类似的行为。但肖恩与费德里科不同的是，他是以竞拍自己的数据这种方式出售个人数据。也就是将数据卖给出价最高的人。

2014年3月，他成立了在荷兰也可以投标的网站，开始在上面

▲图3–3　肖恩竞拍个人数据的网站

▲图3–4　肖恩的个人数据内容

拍卖自己的个人数据（图3-3）。他卖出的数据包括位置信息记录、医疗记录、电车的乘坐记录、个人简历、电子邮件、网上会话、消费倾向、浏览记录等一部分敏感数据，也就是个人隐私的数据块（图3-4）。

拍卖开始几个星期后的2014年4月12日，经过53次竞拍，最后肖恩的个人数据被IT系的新闻网站The Next Web（译者注：科技博客）以350欧元买去。The Next Web之所以购买该数据是想要引起社会对个人数据问题的关注，而并非真的对肖恩的个人数据感兴趣。而肖恩出售自己个人数据的原本目的，也决不是为了赚钱，而是向如今个人数据被企业擅自使用的现状提出质疑。他在英国的媒体采访（Wired）中是这样说的：

“个人隐私已经成为过去，我对此感到非常忧虑。在现在的法律之下，我没有任何秘密而言。但是，我还是很希望无论谁以什么目的收集我的数据时，能由我自己决定同意与否。许多人都没有意识到，其实个人隐私与自治权是相联系的，个人隐私对于个人的人格和伦理发展来说是十分必要的。而我们自身产生的数据却被Facebook和Google等企业无偿使用着。我最担心的是政府对这些数据的利用方式。我们在不断地无偿提供数据的同时，也就意味着我们同意了自己被监视的状态。”

将自身个人情报出售的费德里科与肖恩虽然所使用的方式不同，但是他们的出发点都是想对企业擅自使用消费者个人数据的现状提出异议。

个人数据交易市场的兴起

如今，欧美的新兴企业开始摸索建立一个介于企业和个人之间的中介，也就是“个人数据交易市场”，这样就不用让消费者像费德里科和肖恩那样自己出售个人信息了。这些企业的共同之处在于，他们都认为：“消费者的个人数据具有非常大的价值。如今Google和Facebook等网络企业和数据中间商不断地榨取消费者的个人数据，这样真的好吗？现在就是为消费者夺回个人数据的时机”，于是他们决心建立“个人数据交易市场”。

交易市场上交易的数据不仅是网上的行动记录，还包括在现实社会中的行为记录、健康数据（血压、心率等）等，根据交易市场的不同，特征也不同。这里为大家介绍三种个人数据交易市场。

1. Datacoup（译者注：美国一家个人隐私收集购买平台公司）

Datacoup经过了约两年的研究，于2014年9月正式设立了个人数据交易市场。想要出售个人数据的消费者首先可以选择是否提供Facebook、Twitter和LinkedIn（译者注：领英）等社交软件的用户信息、信用卡和比特卡的交易记录等信息，可以在Datacoup的用户

▲图3–5　Datacoup的用户选择界面

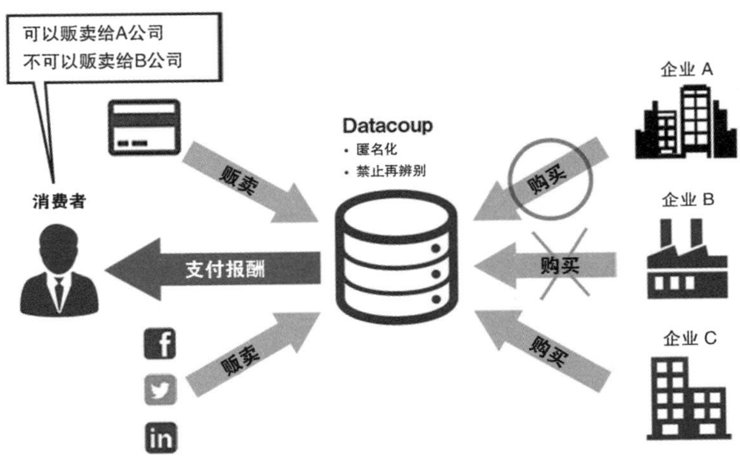
可以贩卖给A公司
不可以贩卖给B公司
消费者
贩卖
支付报酬
贩卖
Datacoup
• 匿名化
• 禁止再辨别
企业 A
购买
企业 B
购买
企业 C
购买

▲图3–6　消费者的选择权

系统中进行操作。

Datacoup会将消费者所提供的数据匿名化，与其他会员的数据混在一起，经过特殊处理之后进行数据统计和分析，再贩卖给营销商。

消费者可以提供自己在社交软件上的发言内容和好友名单、曾为谁“点赞”、登记过的场所、经常去的店铺、购买的商品、消费金额等信息，作为回报，每个月末Datacoup会给予消费者一定的报酬。该公司最大的卖点是它能够提供在线和离线两种数据。例如，网上那些被很多人点赞的商品，商家很难确定它是否真的被购买，而利用Datacoup就有可能得知。

另外，Datacoup最优先考虑的是给予消费者“选择的权利”，除了可以让消费者选择所提供的数据种类，还可以让消费者指定将该数据提供给谁（例如，可以提供给A公司，但不可以提供给B公司等）（图3-6）。

消费者所提供的数据根据市场的需求，可以按价值分为“高”“中”“低”三档。用户得到的报酬金额由“提供的数据数量×数据的档位”所决定。数据的档位越高，报酬也就越高。平均每个用户一个月可以得到10美元左右的报酬。消费者所提供的数据属性（价值档位）、被支付的报酬，都可以在用户的人物简介画面

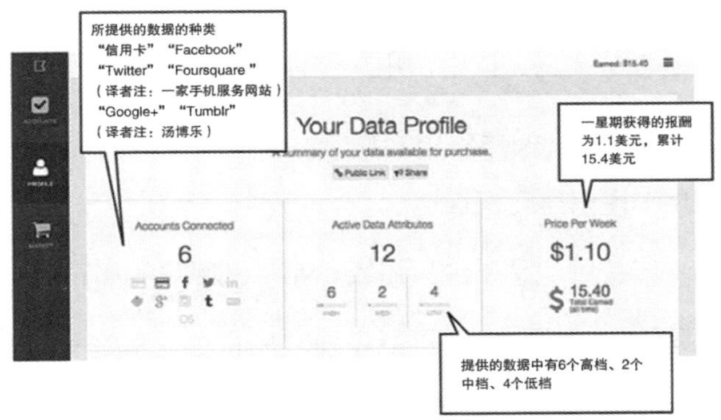

▲图3–7　为每名用户准备的人物简介画面的例子

中进行确认（图3-7）。

2. 个人数据交易市场“Datacoup”的概念图

Datacoup从2014年9月开始陆续有15000名消费者注册成为用户。而购买方虽然有20多家企业都表现出了浓厚的兴趣，但是至今还没有一家企业报出真实的名字。

3. Handshake（译者注：订单管理应用服务商）

Handshake虽然也是个人数据交易市场，但它的服务特点在于配合市场调查这一点。首先，用户登录自己的性别、收入、职业等信息，然后与Handshake合作的企业会对用户的简介进行确认，对感兴趣的用户提出协助调查请求。

调查内容有可能是单纯只用Yes/No可以回答的问题，也有可能是对商品印象的记述，还有可能是要求用户打开手机的GPS（位置信息）、记录饮食内容、扫描购物小票等花费少许时间的事项。

因此，配合调查的用户所得到的报酬金额并不是固定不变的。除了现金，还可以是“手机免费通话十分钟（通信公司为委托方）”等多种形式。而且，用户可以自由决定是否拒绝调查。

另外，如果消费者对企业所给出的报酬不满意，双方还可以进行交涉，这是Handshake的一大特点。例如，对于企业提出的“扫描购物小票的报酬为100日元”的条件，消费者可以回复“100日元太少，200日元可以接受”，同时企业也可以自由决定是否同意消费者的讨价还价。

据该公司估算，配合调查的用户每年可以获得1000～5000英镑（18万～91万日元）的报酬。获得5000英镑的一个例子是一位“年收入在30000～45000英镑（550万～820万日元）的50多岁的男士，

▼表3-1　Datarepublic所交易的数据

NO.		
1	交易	银行或信用卡的交易
2	体育活动	骑马、跑步、滑冰、游泳等运动的记录
3	消费	什么商品在哪里购买的
4	意见	关于特定需求的建议
5	健康	关于咳嗽、感冒、疼痛等轻微不适
6	身体数据	心率、血压、体温等健康问题
7	位置信息	从哪里移动到哪里
8	经历	对电影、演出、旅行地的评价
9	药品的使用	服用药物时，对药效的评价

他配合了150次调查，参加了6次试验小组和48次实验（在一天中开启智能手机的GPS等），42次对指定商品进行购买欲确定，提供了12种记录（购物小票、睡眠数据等）”。

虽然配合这些调查的负担很重，但是5000英镑的报酬确实也不是个小数目。

4. Datarepublic（译者注：数据经纪公司）

标榜“值得信赖的安全个人数据经纪公司”的Datarepublic是想要获取个人数据的企业与个人之间的中介，是荷兰的个人数据交易市场。

Datarepublic准备了两个管理个人数据的方法，用户可以自由地进行选择。一个是该公司的云服务，另一个是可以将个人数据密码化，无论是保存在用户的家用电脑、USB驱动，还是其他公司的云储存服务，都不会出现问题。

Datarepublic所交易的数据包括银行和信用卡的存取记录、商品购买记录、心率、血压、体温等健康数据、位置信息、特定的需求、正在服用的药品的效果（表3-1），等等。

数据的交易价格根据市场价值而定。根据用户所提供的数据种类，用户每个月的报酬有数欧元到数十欧元。而且，根据购买方的不同，用户所得到的报酬也不同，有可能会是优惠券或礼物等。而Datarepublic在交易成功后会从企业那里收取一定的中介费。

用户可以在对买取条件满意的情况下提供数据，如果没有满意的条件，也可以等待更好的条件出现。当然，在没有等到百分之百满意的条件出现时，用户是不用提供数据的。另外，数据是否匿名化？数据提供给谁？这些都是由用户自由控制的，所以如果用户对交易条件感到不满，随时可以中断数据的提供。

Datarepublic从2014年4月开始招募会员，在会员达到25000时会正式开启服务。同时也在招募希望购买个人数据的企业。

个人数据交易市场能否成功?

以上介绍了三个个人数据交易市场。他们每个都热情高涨，然而若想成为真正的商业组织，他们还需要跨越很多障碍。

首先，从想要购买个人数据的企业考虑，这些交易市场收集的“量”就是个问题。现在，一般企业从网络广告企业或数据中间商那里可以轻易地获得至少数千人的消费者数据，这是一个涉及效率的问题。

其次，从消费者的立场考虑，将个人数据存放在一个刚成立不久的新兴企业中，多少会担心信息泄露等安全问题。而且每个月为了几美元而特意使用该服务的消费者到底会有多少呢？实际上，从2014年4月开始募集会员的Datarepublic截至到现在（2014年11月）只募集到目标的百分之一（250人）。

至今已经有过许多以开设个人数据交易市场为目的的新兴企业进行过试行，但是他们最后都因为没有足够的买方（企业）和卖方（消费者）而被迫撤退。

但是对于这个构想——“使消费者认识到自身产生的个人数据所具有的商品价值，实现消费者自身控制将数据提供给谁”，非常耐人深思。

在日本，以Benesse的个人信息泄露事件为契机，人们也提高了关于个人信息流通的意识。从2013年6月美国中央情报局（CIA）的原职员爱德华·斯诺登曝光了美国国家安全保障局（NSA）秘密收集大量个人信息的“斯诺登事件”发生后，全世界人民都开始关注个人隐私的保护问题。

而在这种大环境下，个人数据交易市场到底能否成功，这两年便会成为分界点。

你的个人数据值多少钱?

“个人数据是新型资产”。随着这个想法的普及，人们不禁会对自身个人数据的金钱价值产生疑问：“那么，这项资产的价值是多少呢？”卖出自己个人数据的费德里科和肖恩分别得到了31万日元和5万日元，而个人数据交易市场Datacoup预想的用户每月收入金额为1000日元左右。“我们的个人数据到底值多少钱？”这个问题在世界各地都被讨论着。

由英国《金融时报》于2013年6月公开的“个人数据计算器”可以简单地算出自己的个人数据值多少钱。它参考数据采集企业的个人数据购买价格，根据“人口统计”“家庭和健康”“财产”“活动力”“消费者”这五项问题的答案试算出营销商会花费多少钱购买这些数据（图3-8）。

下面以一名平凡的单身上班族的数据为例。

- **单身、未婚**
- **没有从事高收入的职业**
- **没有高血压、高血脂等健康问题**
- **没有家用船只等**

输入家庭、资产信息、特殊疾病的有无、兴趣等信息，
就会计算出个人数据的金钱价值，

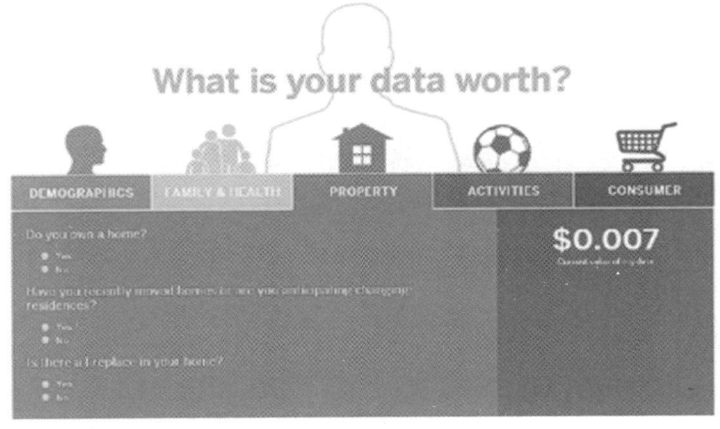

▲图3-8　英国《金融时报》公开的“个人数据计算器”

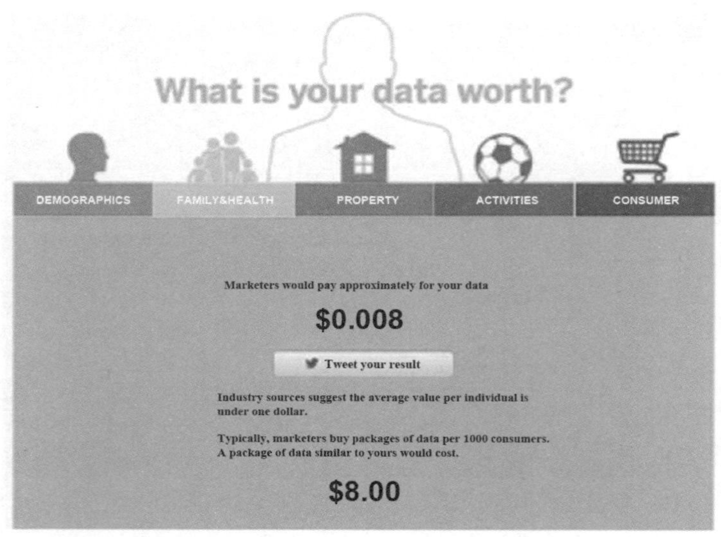

▲图表3–9 “个人数据计算器”算出的个人数据价值

新婚上班族的数据价值为28.5美分，
1000个这样的数据为285美元。

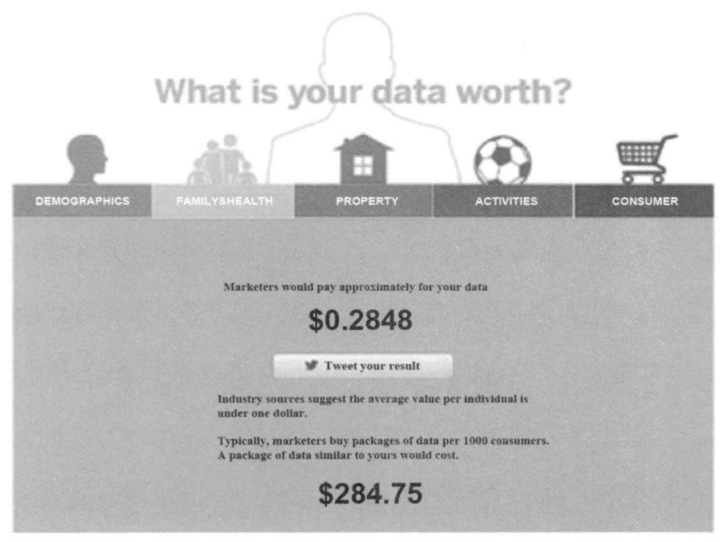

▲图3–10　“个人数据计算器”算出的个人数据价值

- **没有出国旅游的计划**
- **没有购买汽车和金融商品的计划**
- **没有便利店的会员卡**

个人数据计算器算出他的金钱价值不满1美分，仅为0.8美分。也就是说，营销商可以以8美元的价格获得1000份拥有这样属性的个人数据（图3-9）。

这个个人数据计算器的有趣之处在于，根据附加信息，价格会实时发生变化。所以消费者很容易知道对于数据中间商来说什么信息有价值。例如，处于结婚、生子、搬家、离婚、退休等这些影响购买行为的人生节点的消费者，对于营销商来说都是非常有价值的。

具体来说，以一名新婚的上班族为例，为了即将出生的孩子，他与妻子想购买一辆汽车。我们试算一下他的数据价值：

- **新婚（结婚3个月以内），名下没有房子**
- **妻子怀孕中（第一胎）**
- **不是大企业的员工**
- **没有高血压和高血脂等健康问题**
- **没有汽车**

有健康问题的企业员工的数据价值为1.43美元。

收集1000名这样的数据，需花费1430美元。

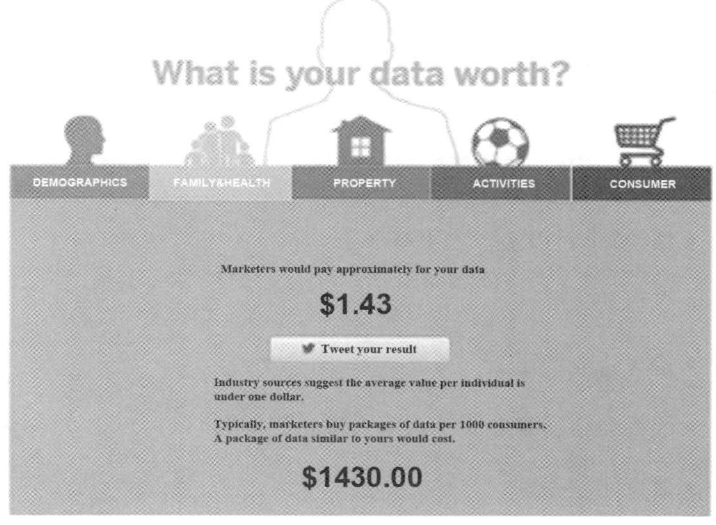

▲图3-11　根据“个人数据计算器”算出的个人数据价值

- **对出国旅游感兴趣**
- **有购买汽车的计划**
- **有便利店的会员卡**

在这个例子中，“新婚”“孩子即将出生”“对出国旅游感兴趣”“计划购买汽车”这些都是营销商很感兴趣的数据。因此，他的金钱价值上升到了0.2848美元（约30日元）（图3-10）。

最后，再设定一个例子，这个人的健康状态有些问题，为大企业的员工。

- **结婚3个月以上，名下有房子**
- **有孩子**
- **是大企业的员工**
- **因高血压和高血脂等疾病引发肥胖问题**
- **最近刚刚搬家**
- **对出国旅游感兴趣**
- **为减肥经常去健身馆**
- **有购买金融商品的计划**

糖尿病、肥胖、季节性过敏等特殊疾病的这些信息，对于经营健康食品、减肥俱乐部、各种营养食品的营销商来说价值很大。

这个例子中因为含有“大企业的员工”“高血压、高血脂”“减肥中”“对出国旅游感兴趣”“有购买金融商品的计划”等这些有价值的数据，所以这个人的数据价值为1.43美元（图3-11）。

衡量个人数据价值的五个方法

英国《金融时报》的“个人数据计算器”以数据中间商的购买价格为基础，可以让人们轻松地知道自己的个人数据值多少钱。

但是，算出个人数据价值的方法并非只有这一个方法。OECD（经济协力开发机构）于2013年公布的报告《关于个人数据经济学的讨论》中介绍了五个方法。这些虽然并不是标准方法，但它的思考方式却非常值得参考。

1. 根据个人数据公司的结算报告推测

第一个方法是根据SNS企业或数据采集企业等以个人数据为收益来源的企业结算信息和企业所持有的个人数据的数量计算出每一条数据的价值。当然，并不是所有企业的销售额都与个人数据有关。如果独立的事业部门将从个人数据中获得的收益公开，那么就可以进行计算。结算报告拥有许多要素，这里我们关注的是时价总额、销售额和纯利润这三项。

所谓时价总额，就是上市企业的股价乘以发行股票数量，它是评价企业价值的指标。例如，股价为1000日元，发行股票数量为1

亿的话，那么该企业的股市时价总额为1000亿日元，这就是“购买该企业发行的所有股票需要的金额”。

时价总额的计算很简单。如果企业的所有收益都以个人数据为来源，那么该公司的市场价值就是个人数据的价值。理论上，企业未来的收益也可以通过此方法计算出来，但实际上却会受到市场的整体影响，这些都是不利的方面。

那么，从销售额来看呢？销售额能够真实地反映出企业通过个人数据赚了多少钱，用所持有的数据数量平均一下，与时价总额相比较，可以准确地反映出每天数据的价值。而且，它受市场的影响相对较小。

我们再从纯利润的角度来分析。纯利润是总销售额减去成本之后得出的数据。因为纯利润与个人数据价值之间的因果关系不深，所以很难准确地表现出数据的价值。

从以上来看，结算信息中销售额除以数据数量是最能表现个人数据价值的方法。

那么，我们以实际的企业为例进行一下验证。例举的有SNS企业和数据采集企业中的代表Facebook、Twitter、Experian和Acxiom四家。所使用的数据均为2013年度的结算信息（表3-2）。

数据中间商

1. Facebook

Facebook在2013年度的销售额约为78.7亿美元。每个月的活跃用户约为12.3亿（2013年12月）。也就是说，每个用户的价值=78.7亿美元÷12.3亿人=6.4美元/人。

如果用时价总额计算的话，2013年12月31日的时价总额是1390亿美元除以每个月的活跃用户数12.3亿人：1390亿美元÷12.3亿人=113美元/人，约是用销售额计算的18倍。

2. Twitter

Twitter在2013年度的销售额约为6.7亿美元，每月活跃用户数约为2.4亿人（2013年12月）。于是，每个用户的价值为6.7亿美元÷2.4亿人=2.8美元/人。

用时价总额计算的话，2013年12月31日的时价总额为363亿美元，每月的活跃用户数为2.4亿人，则363亿美元÷2.4亿人=151美元/人，约是销售额计算的54倍。

3. Experian

数据采集企业Experian2013年度的销售额约为47亿美元，拥有6.6亿的消费者数据。

▼表3–2　从结算信息中计算个人数据的金钱价值

	Facebook	Twitter	Experian	Acxiom
年度销售额（2013年度）	78.7美元	6.7美元	47亿美元	11亿美元
每月活跃用户数/所持有数据的数量	12.3亿人	2.4亿人	6.6亿件	7亿件
每名消费者的数据价值	6.4美元	2.8美元	7.1美元	1.6美元

因此，每名消费者的金钱价值为47亿美元 ÷ 6.6亿个=7.1美元/个。用时价总额计算的话，2013年12月31日的时价总额为170亿美元，用6.6亿平均一下的话，就会得出约26美元的价格，约是销售额计算的3.7倍。

4.Acxiom

数据采集企业Acxiom的2013年度销售额约为11亿美元，约持有7亿个消费者数据。于是，平均每名消费者的数据价值为11亿美元÷7亿个=1.6美元/个。

表3-2为以上内容的总结。虽然SNS企业和数据采集企业都是以个人数据获取利益，但是他们的商业形式却完全不同。但是，通过结算信息（年度销售额）算出的个人平均数据价值都为1～7美元，并没有太大的差距，这个结果很有意思。

但是，这个方法的问题在于，无论数据的内容（含有哪些信息）如何，都只是单纯地利用用户数、数据个数和销售额来计算。因此，得出的数据为用户的平均额。

专栏　Twitter中个人信息的金钱价值

Twitter中作为衡量用户影响力指标的Klout score（作者注：包括在Facebook中的影响力）与Qrust score（译者注：活跃度得分）等被人们熟悉。以粉丝数和转发量等为测定基数，100分为满分。

例如，粉丝数超过200万的SoftBank（译者注：日本软银集团）的董事长孙正义，他的Klout score为69，Qrust score为26。Qrust score之所以很低，是因为他在近一个月内没有发表过内容（Qrust score每周更新一次）。粉丝数超过100万的堀江贵文的Klout score为71，Qrust score为86，从中可以看出他的影响力很大（2014年12月3日的数据）。顺便提一句，笔者的粉丝数为2400人，Klout score为54，Qrust score为87。

这两个分数可以在客观上评价影响力的大小，但无法显示出它的价值。那么如何才能算出它的价值呢。这里为大家介绍一个方法，那就是根据Twitter公司的销售金额和每个人的Twitter数及粉丝数计算。

前文介绍过，该公司在2013年度的销售额为6.7亿美元，每个月活跃用户约为2.4亿人（2013年12月）。另外，平均每天的Twitter总数为5亿（截至2013年12月31日的结算报告），但是2013年11月的上市资料显示，包括其他用户的转发数为2000亿。

根据以上数据，6.7亿美元除以平均每天的Twitter数2000亿，得出一条Twitter的价值为0.335美分。

另外，个人账号平均一天的Twitter数乘以粉丝数，就会得出用户每天的潜在Twitter数。一般约有75%的Twitter被无视（既没有留言也没有被转发），每条Twitter的价值乘以实际被看到的Twitter数便是自己Twitter的价值。

例如，上文所提到的孙正义的例子，从他开始使用Twitter到2014年12月3日，经过了1805天，总共的Twitter数为5980条。也就是说，平均每天的Twitter数约为3.3条，乘以粉丝数227万，得出每天潜在的Twitter数为7491000条。如果实际有25%的Twitter被看见，则是1872750条。乘以每条Twitter的价值0.335美分，则孙正义Twitter的价值约为6273美元。

▼图3-12　孙正义、堀江贵文、笔者的Twitter的金钱价值

	孙正义	堀江贵文	笔者
总Twitter数	5,980	82,700	5,738
使用Twitter的天数	÷ 1,805	÷ 2,007	÷ 1,892
平均每天的TWitter数	3.3	41.2	3.0
粉丝数	× 2,270,000	× 1,119,000	× 2,400
粉丝所看到的Twitter比例	7,491,000	46,102,800	7,200
	× 25%	× 25%	× 25%
乘以平均一条Twitter的	1,872,750	11,525,700	1,800
金钱价值	×0.335 美分	×0.335 美分	×0.335 美分
	6,273 美元	38,611 美元	6 美元

用同样的方法计算一下堀江贵文的Twitter，从开始使用Twitter到现在经过了2007天，总Twitter数为82700条，则平均每天的Twitter数约为41.2，乘以粉丝数111.9万人，得出每天的潜在Twitter数约为4610，它的25%则为11525700，乘以每条Twitter的平均价值0.335美分，得出堀江贵文Twitter的总价值约为38611美元，比孙正义Twitter的价值更高。笔者自身的Twitter价值为6美元，与孙正义的平均每天的Twitter数虽然差距不大，但是粉丝数却只为他的千分之一，因此价值也是他的千分之一（图3-12）。

因为这里是以销售额为基础进行计算的，金钱价值就等于用户为Twitter公司所贡献的金额。也就是说，孙正义、堀江贵文和笔者分别为Twitter公司贡献了6273美元、38611美元和6美元。

但是，他们二人都是非常有名的人，“约有75%的Twitter被无视”的可能很低，所以，数据的准确率并不是太高。

2. 根据市场交易价格推测

实际上，衡量个人数据金钱价值的最简单方法之一，便是调查名册店和数据中间商等对个人数据的交易价格。因为价格一般由供需所决定，所以我认为它能正确地反映出个人数据的市场价值。

另外，个人数据在被看作商品的情况下，会被重复贩卖，所以很难以卖给某个顾客的价格作为该数据的价值。原本个人数据的价值为单价乘以贩卖总数，即使单价被公布，如果贩卖总数不公布的话，我们还是不知道总价值为多少。因为数据种类不同，单价也不同，所以我们心中大概也会有个相对价值。

例如，第2章中所提到的JustSystems从东京都内的名册店A那里购买了Benesse的顾客名单，该名册店中的“小学六年级学生的数据”每条15日元，“18岁女性的数据（成人礼服专用名单）”每条25日元。数据内容包括姓名、住址、出生年月日、性别等基本信息。学校毕业纪念册中流出的名册，每条为10～50日元。

当然，利用价值越高，数据的价格也就越高。所谓的“利用价值高的数据”是指那些收到企业的推销邮件会购买高额商品的消费者，例如，“易被骗的人”“高收入者”这样的名单。当然，名册店不会将名单直接命名为“易被骗的人”。他们会写成“会购买高级佛具的老人的名单”，这样就会让人联想到“容易上当的高收入者”的名单。也就是说，“购买高级佛具的老人=既有钱又容易被游说的人（易被骗的人）”。“多重债务者”“健康食品购买者”等这样的名单，一条数据可以卖到数百到数千日元。

这种根据市场的供需价格来推测数据价值的方法十分简单易懂。

专栏　购买行动记录的Google

美国Google正进行着有偿购买消费者个人数据的这样一个非常有意思的项目，2012年2月开始实行名为“Screenwise Trends Panel”（译者注：屏幕智能化趋势座谈小组）的市场调查项目。

该项目的目的为：“如果深刻理解了‘消费者如何使用网络和手机’这一问题，Google便可以改善产品和服务”。

具体内容为：招募配合调查的人员，收集他们一天的网络利用时间、在各网站的停留时间和手机软件的使用时间等数据，从而分析哪些网站和手机软件受欢迎。配合调查的人员为了能够让Google监视到自己的行动记录和手机使用状况，会被要求在电脑安装浏览器扩张功能、在手机安装名为“Mobile Meter”（译者注：移动仪表）的软件。

还有其他条件如下：

- 居住在美国
- 年龄在13岁以上
- 拥有自己的电脑
- 可以上网
- 拥有可通信的智能手机
- 使用Google公司的浏览器Chrome

Google公司根据允许数据收集的终端数量给予配合调查者一定的报酬（有时会是沃尔玛等店铺的礼品卡）。

▼表3–3　美国Google的“Screenwise Trends Panel”对配合调查者所支付的报酬

允许手机数据的终端	登录后最初一周的报酬	每周的报酬
电脑	4美元	1美元
电脑和智能手机/交通卡中的一个	6美元	1.5美元
电脑、智能手机和交通卡	8美元	2美元

例如，如果客户只允许Google在电脑上收集数据的情况，客户在登录完毕后会获得4美元，以后每周都会获得1美元。如果客户允许Google在电脑、智能手机、交通卡这三个终端收集数据，那么登录完毕后会获得8美元，以后每周会获得2美元（表3-3）。

如果配合一年的调查，报酬则大约为5000日元（只允许电脑的话）。

3. 根据数据泄露事件的赔偿金额推测

这是根据发生个人信息泄露事件时，企业对被害者的补偿金额所推测个人数据价值的方法。

例如，让人记忆犹新的Benesse个人数据泄露事件，最终泄露的数据为2895万条。Benesse为被害顾客每条补偿500日元的代金券。

在2003年约有18万的顾客信息被泄露的Family Mart（译者注：全家便利店）为受害顾客每人发送了价值1000日元的代金卡。

2004年，约有452万顾客的信息（住址、姓名、电话号码、电子邮箱、雅虎邮箱地址、雅虎账户、申请日）被泄露的SoftBankBB（译者注：软银宽带）事件，公司为受害用户每人送去价值500日

▼表3-4　因个人信息泄露支付赔偿金的日本国内事例与金额

发生时间	企业	对象人数	补偿金额	补偿形式
2003年6月	LOWSON	560,000	500日元	商品券
2003年8月	Aplus	79,110	大约1000日元	商品券
2003年8月	JCB	6,923	大约1000日元	商品券
2003年11月	FamilyMart	182,780	大约1000日元	代金券、100积分
2003年12月	东武铁道	131,742	大约5000日元	东武动物园或东武游乐场的招待券2张
2004年1月	SoftBankBB	4,517,039	500日元	代金券
2004年3月	Suntory	75,000	500日元	免费快递
2004年5月	Tsunoda	16,000	大约500日元	代金券
2004年6月	Cosmo	923,239	50英里	石油
2004年7月	DCcard	478,000	500日元	商品券
2005年1月	Oriental land	121,607	大约500日元	代金券
2005年10月	小田急电铁	6,203	大约500日元	代金券
2007年3月	打日本印刷	8,640,000	500日元	代金券
2008年4月	Soundhouse	122,884	大约1000日元	soundhouse用信用卡
2008年6月	相铁酒店	1,760	大约1000日元	商品券（1组）
2008年6月	Aliceplaza	28,105	大约1000日元	积分券
2009年5月	三菱UFJ证券	49,159	大约10000日元	礼品券
2009年8月	alicoJapan	18,184	10000日元（受害者） 3000日元（普通用户）	商品券
2009年8月	Amuse	148,680	大约500日元	代金券
2013年4月	JINS	12,000	大约1000日元	代金券

元的代金券。在其他信息泄露事件中，基本也都补偿给客户500～1000日元的代金券或商品券（表3-4）。

但是，这500～1000日元的代金券是企业自主决定的赔偿额。也有一些案例显示，受害者起诉企业，最低会获得5000日元的赔偿。如SoftBankBB事件中有5人向该公司提起诉讼，最后大阪地方法院命令SoftBankBB赔偿每人5000日元。

再列举一个与Benesse事件非常类似的“宇治居民基本台账数据大量泄露事件”。1998年5月，京东府宇治市委托私人企业开发“婴幼儿检查系统”，在被委托企业打工的从业人员将居民基本台账中约22万条数据复制到光磁硬盘（MO）中，贩卖给了名册店和其他场所。

被泄露的数据中含有个人居民号码、住址、姓名、性别、出生年月日、转入日、转出地、户主姓名、与户主的关系等个人信息。因数据泄露而受到精神伤害的宇治市3名受害者向宇治市提出诉讼，要求宇治市赔偿每人30万日元精神损失费、3万日元律师雇用费。最高法院于2002年7月11日判定宇治市对外部委托方管理不当，赔偿每人15000日元（精神损失费10000日元，律师费5000日元）。

也就是说，根据最高法院的判决，如果四项基本信息被泄露了的话（姓名、住址、出生年月日、性别），“每人获得赔偿1万日元”。于是，根据司法判决我们可以确定个人信息的“市场”。

另外，至今为止赔偿额最高的为美容界大企业“TBC”公司的事例。原本被设定为外部人无法阅读的含有个人信息的文件，被更改成谁都可以阅览的状态。顾客的姓名、住址、电话号码、年龄、职业，甚至三围等数据都被泄露。受到二次伤害（如被发送垃圾邮件等）的顾客每人获得3万日元的赔偿，没有受到二次伤害的顾客每人获得17000日元的赔偿。

500～1000日元的赔偿金与其说是根据个人信息的价值而定的，不如说是根据以往案例而定的。而发起诉讼的情况下，通常赔偿金额为1万日元，含有隐私信息或者因信息泄露而受到二次伤害的情况，赔偿金额则为3万日元。

专栏　被泄露的个人信息的价值

正确衡量被泄露的个人信息的价值很难，但是方法有许多。在这里为大家介绍一下非营利组织日本网络安全协会的EP图（译者注：经济-隐私图）方法。

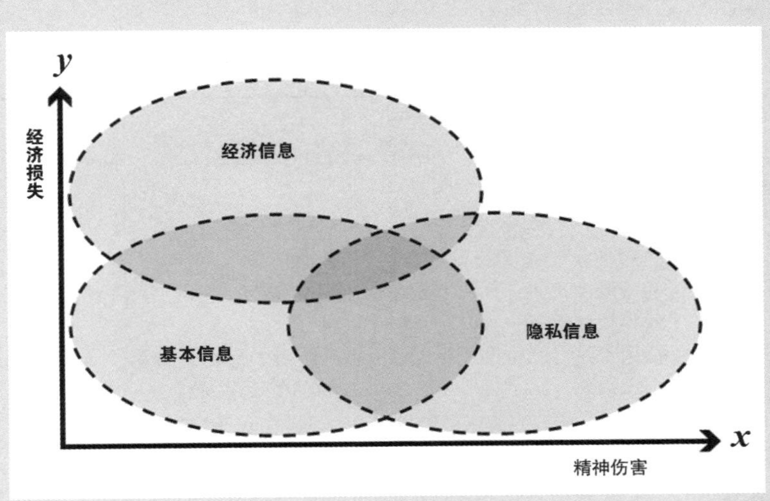

▲图3–13　EP地图（Econmic–Privacy Map）

EP图会在个人信息泄露的时候首先将被害者的影响分为“经济损失”和“精神伤害”两个轴。然后为了将影响定量化，纵轴（y轴）为“经济损失”，横轴（x轴）为“精神伤害”，将个人信息大概分为三类（图3-13）。

- 基本信息：根据个人信息保护法中规定的四项基本信息。
- 隐私信息：因信息泄露而受到他人的精神伤害的信息。
- 经济信息：对个人所拥有的财产产生直接影响的信息。

▼表3-5　简易EP图

经济损失程度				
	3	银行账户&密码、信用卡号&有效期限、金融网站的账户&密码、支付网站的客户登录信息（登录邮箱等）	遗书	犯罪前科、黑名单等
	2	护照信息、购买记录、ISP的账号&密码（账户所使用的邮箱和密码）、账户号码信用卡账号、金融网站的账户&密码、印章证明书、安全认证号码、服务申请信息	年收入、所得、财产（固定资产税等）、建筑物、土地、余额、欠款、所得（有关生活保障的信息）、借款记录、购买记录、给予额、奖金额、纳税金额、捐款目的&金额、未纳税金额等	
	1	姓名、住址、出生年月日、性别、金融机关名、户口本、邮箱地址、健康保险证号码、驾驶证号码、员工号码、年金证书、介护、保险信息、工作单位、学校名、职务、职业、身高、体重、血型、身体特征、照片、肖像、声纹、体力测定、家庭构成、IPS账户名、患者号码、受诊科目、加入保险状况、支付金额等	健康诊断结果、心理测试结果、性格判断结果、病历、手术史、怀孕史、看护记录、治疗方法、身体检查报告、DNA信息、智力报告身体认证信息（静脉、声纹、肖像等）、人种、国籍、兴趣、爱好、民族、赏罚、职业经历、学历、成绩、考试分数、日记、邮件的内容、位置信息、介护、隐私（恋爱）信息	加入的政党、政治见解、加入的劳动组织信条、思想、宗教、病历、过敏测试、感染测试、智力信息、精神测试信息、有关性生活的信息等
		1	2	3
		精神伤害程度		

这个EP图由“个人信息保护法”“个人信息保护合规项目的要求事项（JISQ 15001）”以及过去泄露的个人信息的种类报告构成，根据EP图上的位置显示，可以得出信息的价值。

而且，EP图的x轴、y轴分别被分为三个阶段，根据泄露的信息的影响程度，再次配置信息的种类（表3-5）。

另外，JNSA的“并不是单纯地将泄露的信息填在x轴和y轴中进行价值推测，还需要与实际被害情况联系进行修正补充”，加上修正后的泄露信息的价值，算式如下：

泄露的个人信息价值=基础信息价值×微妙信息度×本人特定容易度

各属性值的含义：

（1）基础信息价值：基础信息价值中无论信息的种类如何，一律为5000点。

（2）微妙信息度：一般情况下，微妙信息指因思想、信条和社会差别而形成的个人信息，包括JISQ 15001禁止收集的一些信息。但是，除此之外的信息有时也会让人感觉到精神上的痛苦。该公式将个人信息整体分为三个阶段，根据算出的结果定义该信息的敏感度。

微妙信息度可以将信息代入EP图中的（x，y）的位置进行计算：

微妙信息度=$10^{x-1}+5^{y-}$

如果泄露的信息包含多种类型，则在所有信息中选出最大的x值和最大的y值。例如，“姓名、住址、出生年月日、性别、电话号码、病名、银行账户”这些信息被泄露的话，在EP图上（x，y）的值如下：

“姓名、住址、出生年月日、性别、电话号码”=（1,1）

“病名”=（2,1）

“银行账户”=（1,3）

该例子中最大的x值为病名“2”，最大的y值为银行账户“3”。将这两个值代入上述的公式为：

$10^{2-1}+5^{3-1}=10+25=35$

（3）确定本人的容易程度：

确定本人的容易程度，是指从泄露的信息中可以轻松地确定本人是谁。例如，如果单单泄露了银行账户，但没有泄露该用户的姓名等信息，那么也很难说该用户受到了伤害。本人确定容易度的判断标准见表3-6。

根据以上所述，如果知道各事件中泄露的信息种类，便可以根据公式（泄露的个人信息价值=基础信息价值×微妙信息度×本人特定容易度）算出被泄露的个人信息的价值。根据计算结果就可以比较出各个事件的严重程度。

（以上参考了JNSA2012年信息安全意外事件的相关调查报告书）

▼表3-6　本人容易程度判断标准

判断标准	确定本人的容易程度
容易确定包含姓名和住址	6
如果花些成本，便可以确定包含姓名或住址+电话号码的信息	3
难以确定除上述以外的信息	1

4. 根据调查和经济实验推测

该方法是在“如果有防止个人信息泄露的工具存在，你会花多少钱购买”和“如果用金钱换取你的个人信息，你觉得多少钱合适”的调查问卷和经济实验中获得，历时6周。实验的过程如下：

（1）募集了年龄、性别、职业和受教育程度不同的60名志愿者参加实验。

（2）为志愿者分发智能手机，让他们记录自己的“通话记录”“位置信息”“软件使用记录”“照片”这四种数据。

（3）委托志愿者在前三周的时间内每周发布一次数据拍卖，在后三周中每天发布一次数据拍卖。

将数据的复杂程度分为以下三种：

单一数据：如“12月10日的10点15分在东京都涉谷区的某某号街”。

加工数据：如“12月10日的总移动距离为10千米”。

总计数据：如“12月10日总共去了20个场所”。

最后总结为：数据的种类（4）×数据的复杂程度（3）=拍卖的对象，即12种类的数据（表3-7）。

拍卖与普通的方式不同，是将数据卖给出价最低的人。

▼表3–7　拍卖的数据

数据的种类/复杂程度	单一数据	加工数据	总计数据
通话记录	打出/接听的时间	一天的总通话时间	一天的通话数或通话对象的总数
位置信息	在各个地点的时间	一天的总移动距离	一天的移动场所总数
软件使用记录	软件的使用时间	一天内软件的使用总时间	一天内使用的软件总数
照片	每张照片的拍摄时间	某个时间段拍摄的照片数	一天内拍摄的照片总数

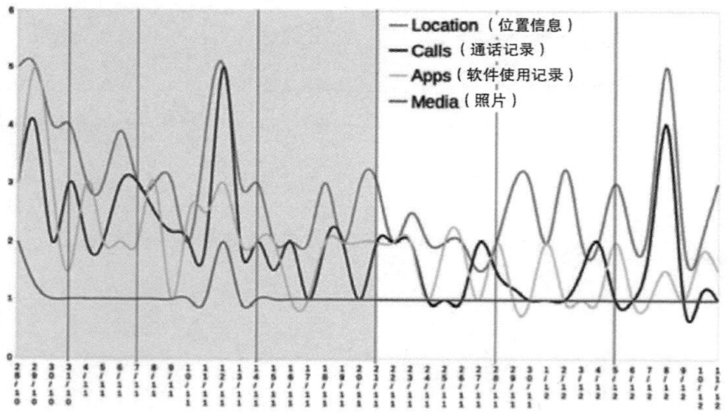

▲图3–14　实验中不同种类的数据拍卖金额的中间值推移

根据60天内596次拍卖的结果，所有种类的数据拍卖额的中间值为2欧元（约280日元）。也就是说，参加者估算的数据价值平均为2欧元。

当然，根据数据的种类和加工程度不同，拍卖的金额高低也不同。首先，数据的种类中“位置信息”的金额最高，也就是说，参加者不想以低价卖出这些数据（图3-14）。

其次，数据的复杂程度中“加工数据”的价格最高。例如，“一天内使用了5个手机软件”这种合计数据比“使用Skype（注：微软提供的可以让用户免费通话和视频的软件）软件时间为一小时”这种加工数据更有价值。

用该方法算出的是加工数据和合计数据一天的价值，如果要算一个月的价值的话，可以用280日元/天×30天=8400日元，一年的价值便为280日元/天×365天=102200日元，是个相当大的数额。

5. 根据个人信息保护服务的缴纳金推测

还有一种方法，就是根据保护个人信息的民间服务的费用推测个人数据的价值。例如，美国数据采集企业Experian公司所贩卖的“ProtectMyID”（译者注：保护我的身份）个人数据保护服务。

该服务是监视你的信用卡、储值卡或者保险证号码、驾驶证号码在你本人不知道的情况下是否有被非法使用的情况。如果发现这些信息被他人使用则会通知本人并提出解决的方法。

这就类似于如果你的信用卡被非法使用，信用卡公司会给你打电话的一种服务。

该服务每月的费用约为16美元，每年约为2万日元。如果你的信用卡或储值卡信息被泄露并被非法使用的话，最高可获得100万美元的补偿。

还有一种服务，是美国Reputation公司的个人数据删除服务，这是一个善于管理网络评论的公司。该公司定期会对互联网进行扫描，检验委托人的姓名、电话号码、住址、出生年月日等个人信息是否被泄露，然后根据委托人的要求对数据进行删除工作。例如，如果该公司在某网站中检测出降低委托人形象的虚假信息，会代替本人要求该网站删除这些信息。费用为每月10美元，每年约为12000日元。

但是，这种服务的实际效果令人质疑。在Benesse个人信息泄露事件发生时，消费者经常会接到“你的个人信息被泄露了，我可以帮你删除”这样的欺诈电话。对IT稍有了解的人都会知道，“一旦泄露出去的信息，是基本不可能被删除的”。因为上述的个人信息保护服务是美国的服务，所以实际形态到底如何我们也不得而知。

虽然如此，Reputation公司已经拥有了100万以上的用户，也许它真的可以帮人们删除那些个人信息。但是，很难说它是否可以正确地衡量个人数据的市场价值。

以上为大家介绍了5种计算个人数据金钱价值的方法。但是因为信息的种类太多，所以很难进行评价。

但是，如果重视“需求和供给可以决定价格”这一点，那么便可以得出一些数据的价格：没有结婚和生子计划的普通消费者的数据约为1日元，有出国旅行和购车等计划的消费者的数据为几十日元，如果附加上有疾病和常用药、有兴趣爱好等信息，价格就会上升到100～1000日元。

本章小结

- 世界上出现了一些以出售个人信息的方式对收集个人信息的企业提出抗议的人。
- 出现了为个人和企业间进行个人数据买卖的中介——“个人数据交易市场”。该市场直面的问题是它拥有多少数据？能吸引到多少企业购买这些数据？
- 以“个人数据计算器”为代表，一些能够计算出个人数据价值的工具盛行起来。
- 计算个人数据价值的方法有：根据个人数据公司的结算报告推测、根据市场交易价格推测、根据数据泄露事件的赔偿金额推测、根据调查和经济实验推测、根据个人信息保护服务的缴纳金推测等。
- 个人数据的市场价格：普通消费者的数据约为1日元，有支出计划的消费者的数据为几十日元，如果附加上有疾病和兴趣爱好等信息，价格会上升到100～1000日元。

第4章

帮助大众保护个人数据：即将到来的新兴产业

自己管理信息的时代已经开始了

在消费者不知道的情况下，个人信息被收集、被反复买卖，接着便收到来自完全不认识的企业的宣传广告。为了从这种境遇中逃脱出来，我们有必要知道谁持有我们的个人数据，并掌控着这些数据的流向。

这里所谓的“掌控”，是指可以随时查看到自己的个人数据，拥有决定“何时？”“流向什么企业？”“如何利用？”自身数据的权利。简单地说，就是自由地控制自身数据的使用方式。

另外，消费者希望企业所持有的自身个人数据能够被下载到自己的个人电脑中，可以让消费者自身保存自己的个人数据。

这也许只有在遥远的未来才能成为现实，但不可否认的是，个人数据的管理已经渐渐地向理想靠近了。下面就为大家介绍几个与此有关的具体例子。

如何拒绝定位推销广告

与掌控个人数据的观点最接近的应该就是定位推销广告。根据用户的网页登录记录分析个人爱好，从而向用户发送他们有可能关心的广告。这种目标性广告受到了广告委托方的好评，但同时也受到了用户的谴责。

美国网络广告促进会和美国互动广告局、日本的互联网广告推进协会等与互联网广告相关的业界团体，在听到来自消费者的呼声后，制定了定位推销广告的指导方针。

例如，日本的互联网广告推进协会的指导方针中第5条规定，广告从业者要在自己的网页中提供一个让消费者选择自己的行为记录能否被企业利用，如何利用的页面。

消费者拒绝定位推销广告的具体方法如下。这里以日本的互联网广告推进协会的会员Bigrobe（译者注：日本综合搜索门户网站）公司为例进行说明。

（1）在刊载定位推销广告的网站（Bigrobe）的“隐私条约”中可以确认发送广告的企业（第三方企业）（图4-1）。

（2）进入发送广告的各个公司网站（Geniee）中可以进行停

关于广告通信中的Cookie利用

本公司会刊载本公司以及第三方企业所委托的广告。

在刊载第三方企业的广告时，您的Cookie会根据第三方企业的利用方针被管理。

在确认各公司有关Cookie管理的方针之后想要停止接收广告的顾客，请进入下方公司的网站进行Cookie无效化操作。

Google 公司	https://hao.360.cn/?wd_xp1
Cyber communication	https://hao.360.cn/?wd_xp1
Advertising.com.japan公司	https://hao.360.cn/?wd_xp1
Opt公司	https://hao.360.cn/?wd_xp1
Geniee公司	https://hao.360.cn/?wd_xp1
Microad公司	https://hao.360.cn/?wd_xp1
Yahoo公司	https://hao.360.cn/?wd_xp1

▲图4-1　Bigrobe网站Cookie管理界面

▲图4–2　Geniee公司的Optout界面

止接收广告的操作（图4-2）。这样，就可以取消定位广告的推送。也就是说，我们可以自己掌控是否接受广告服务。

Bigrobe与Geniee遵从日本的互联网广告推进协会的方针，设立了非常简单易懂的“不参与”画面。但并不是所有的企业都能够和他们一样。有许多企业的网站中都无法让人明确如何才可以进行“不参与”操作。日本的互联网广告推进协会只是互联网广告事业团体，它所制定的方针并非法律，因此并不具有法律的强制性。

但是置日本的互联网广告推进协会的方针于不顾的企业也会渐渐地失去消费者的信赖。那些违反规定的企业会被消除会员资格，受到严厉的惩罚。

能否统一进行“不参与”

还有一个问题，那就是用户如果想对许多公司的广告推送都进行“不参与”操作的话，必须进入各个页面分别操作，十分费时费力。站在消费者的立场考虑，如果能够统一进行“不参与”，那么便会减少许多负担。

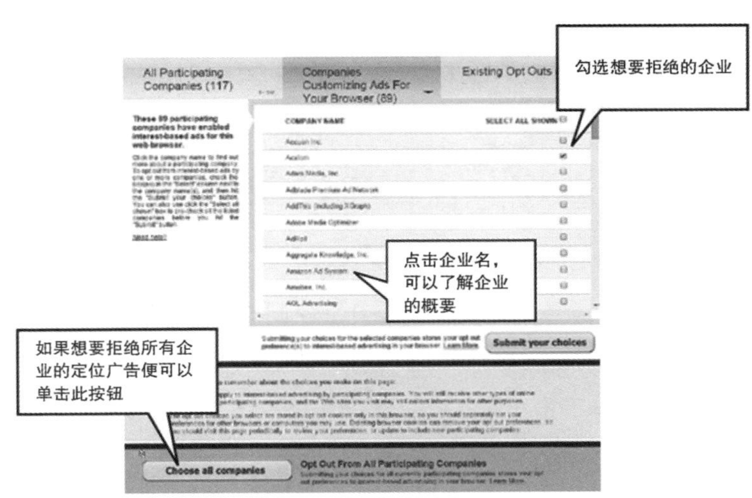

▲图4－3　美国DAA提供的定位广告统一Opt Out工具

在美国，上述的美国网络广告促进会和美国互动广告局等构成的业界团体Digital Advertising Alliance（DAA，译者注：数字广告联盟）就为消费者提供了能够统一进行“不参与”的工具（图4-3）。

对所选企业进行“不参与”操作　对所有企业进行“不参与”操作

服务名/企业名	cookie状态	选择
Logicad	✔ 不存在	☐
Advertising.com Japan	✔ 有效	☐
AudienceScience	✔ 有效	☐
i-Effect	✔ 有效	☐
ADJUST	✔ 有效	☐
Xrost DSP	✔ 有效	☐

▲图4–4　提供的统一Opt Out工具

这个统一“不参与”工具中包含了加入DAA的100多家企业，只要勾选企业名，就可以完成“不参与”。操作非常简单。如果单从企业名无法进行判断的话，可以点击企业名获得该公司的概要，还可以了解到更详细的隐私条约。如果你想拒绝所有企业的定位广告，就可以单击“选择全部公司”按钮。

因为广告商提供了通用的API（注：操作系统留给应用程序的一个调用接口），所以才可以达到这种效果。

日本的类似团体DAA（约有35家公司加入）也提供这种统一“不参与”服务（图4-4）。

DAA提供该服务的目的是“创造一个能够让用户拥有更多选择权的环境”。这点与用户自身掌控个人数据的目标非常贴近。

防止第三方跟踪记录的浏览器功能

使用统一“不参与”工具，就可以拒绝定位广告的推送。但是，这并不是最简单的方法。或者说，对于那些没有加入互联网广告业者团体的企业来说毫无效果。

最简单的方法就是加强浏览器的功能，防止第三方跟踪用户的浏览记录。代表工具有“Ghostery”“Adblock Plus”“Disconnect”

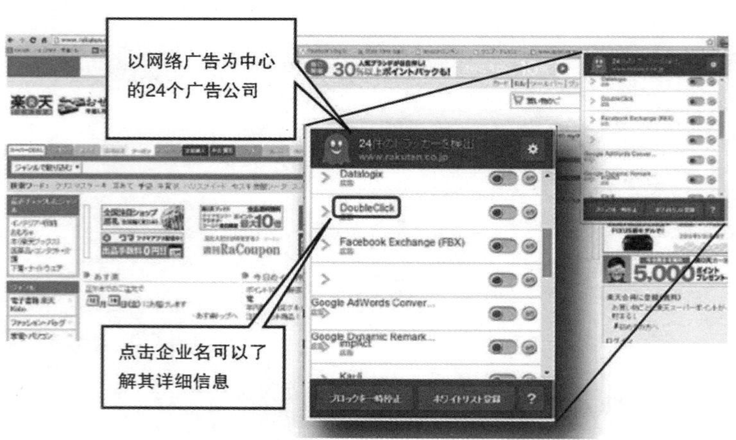

▲图4–5　将网站上的行动跟踪可视化、可以拒绝定位广告的浏览器工具“Ghostery”

等。使用这些免费的软件，不仅可以知道谁在跟踪自己的浏览记录，还可以将那些跟踪的企业屏蔽。

例如，在浏览器上安装了Ghostery软件后，登录乐天网站。根据登录的时间不同，数据也不同，在笔者登录的时点，通过Ghostery得知有24个网络广告和登录解析公司在跟踪笔者的行动（图4-5）。

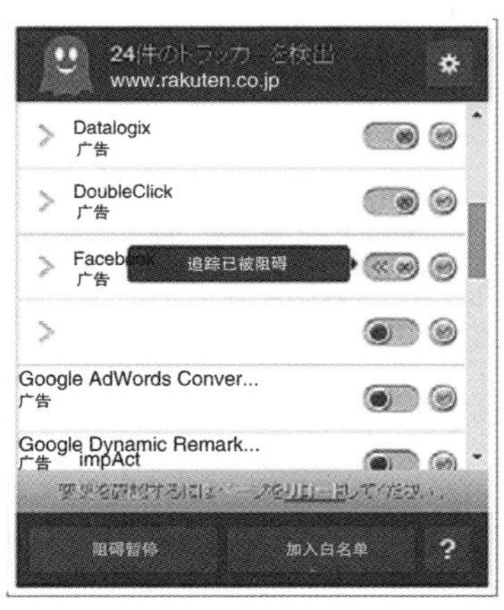

▲图4–6　使用“Ghostery”可以屏蔽广告企业的追踪

如图4-5所示，点击追踪的企业名就可以得知该企业的详细信息。如果想拒绝该企业的追踪，只要将工具上的按钮向右滑动即可。操作非常简单（图4-6）。应用该工具软件消费者可以对那些广告企业，包括没有加入广告业界团体的企业进行“不参与”操作。

如上文所述，这些软件都是免费提供给用户的。那么这些企业是如何获得收益的呢？其实他们会将用户同意或拒绝跟踪、定位广告的信息贩卖给广告公司，从而获得利益。

也就是说，这些软件公司收集如“用户C在A网站中检测出了20次互联网企业B的跟踪行为，并全部将其屏蔽”这样的信息，整理后卖给广告公司，以获得利润。

专栏　极其混乱的“Do Not Tract”

“Do Not Tract（DNT）”长期被当作有效拒绝定位广告的手段。有一种系统，只要在FTC（美国联邦交易委员会）的系统上进行登录就可以简单地拒绝广告商的推销电话。而DNT就被称为该系统的网页版。

DNT于2010年12月向FTC提出，之后通过W3C（作者注：推进网页技术标准化的国际非营利团体）于2011年实行标准化作业。但是，因为网络运营者、网络广告企业、隐私拥护团体等频繁与这种获利的软件发生纠纷，所以标准化作业发展得十分缓慢。例如，“Do Not Tract”有两个意思：一个是“不要追踪用户的行动”，另一个是“可以追踪，但不要发送定位广告”。另外，追踪行动记录的目的也成为这些团体间所争论的焦点。

另外，浏览器运营商在DNT的设定上并不一致。占市场60%份额的IE浏览器，IE10的初始设定就是将DNT设置为“ON”的状态，也就是拒绝追踪的状态，但是Google的Chrome（图4-7）和美国的Mozilla、Firefox等浏览器的初始设定就为“OFF”。虽然默认为“ON”的浏览器会受到消费者的欢迎，但是这关乎网络广告公司的盈利问题，所以必然会受到广告公司的抨击。

默认是“ON”还是“OFF”，这是一个非常有意思的问题。当我们面对两个不同的选项时，即使其中一个比另一个选项更好，我们通常也会选择一直默认的那个选项。这就是经济学中著名的人类特性“现状维持偏见”。这就是“默认”的力量。

最终的结果是，浏览器与广告企业几乎都对DNT采取无视的态度。也就是说，即使用户将浏览器的DNT设定为“ON”的状态也毫无意义。像美国Yahoo，就以DNT还没有正式标准化为由，宣布无视用户的DNT设置状态（注：参照网站主页）。

当初被作为Opt Out手段被看好的DNT，如今也看不到未来。

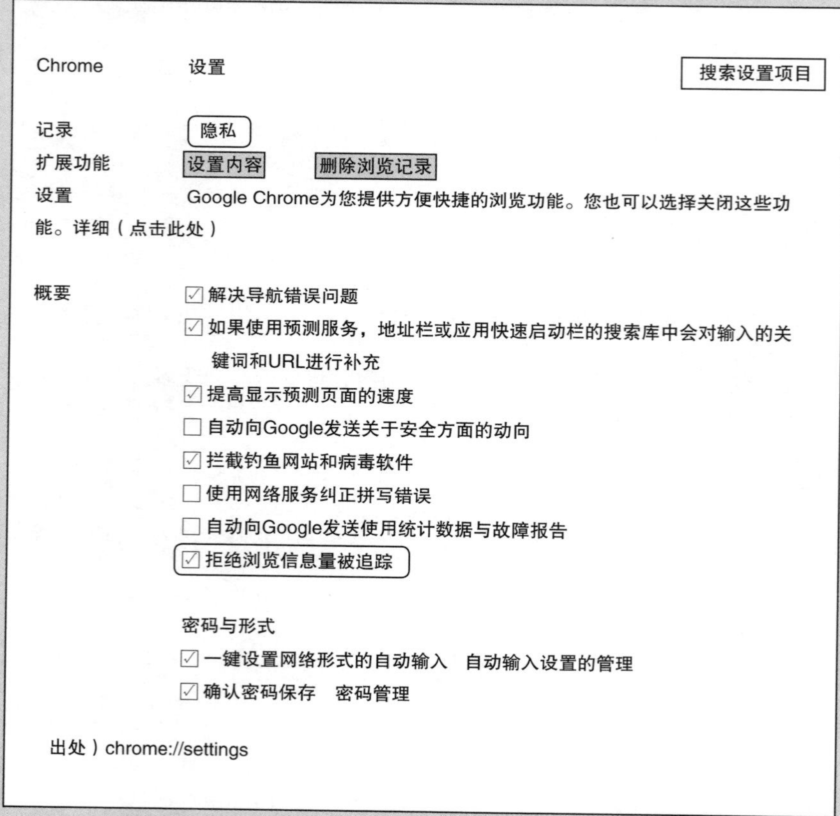

Chrome　设置　搜索设置项目

记录　隐私

扩展功能　设置内容　删除浏览记录

设置　Google Chrome为您提供方便快捷的浏览功能。您也可以选择关闭这些功能。详细（点击此处）

概要
- ☑ 解决导航错误问题
- ☑ 如果使用预测服务，地址栏或应用快速启动栏的搜索库中会对输入的关键词和URL进行补充
- ☑ 提高显示预测页面的速度
- ☐ 自动向Google发送关于安全方面的动向
- ☑ 拦截钓鱼网站和病毒软件
- ☐ 使用网络服务纠正拼写错误
- ☐ 自动向Google发送使用统计数据与故障报告
- ☑ 拒绝浏览信息量被追踪

密码与形式
- ☑ 一键设置网络形式的自动输入　自动输入设置的管理
- ☑ 确认密码保存　密码管理

出处）chrome://settings

▲图4–7　“Do Not Track”的设置方法（以Google Chrome浏览器为例）

可以控制推荐商品的亚马逊

亚马逊已经拥有了控制定位广告的功能。亚马逊的网站上，你可以关闭个人广告显示（图4-7），可以不显示自己曾点击过的商品记录。所谓个人广告，就是根据阅览记录和购买记录向用户提供商品广告的定位广告行为。

可以关闭个人广告的提供服务
还可以不让页面显示自己的阅览记录等信息

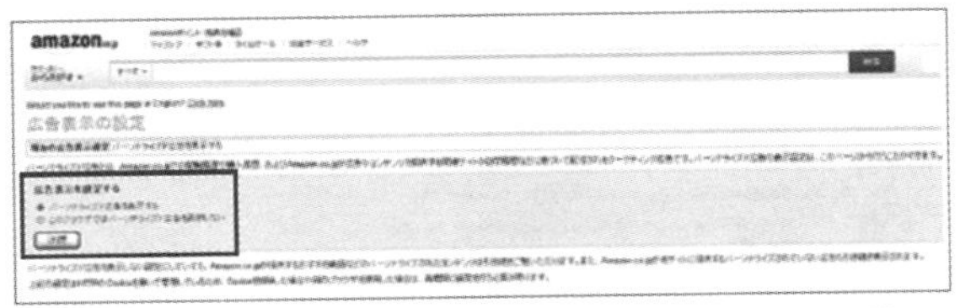

出处）http://www.amazon.co.jp/gp/switch-language/dra/info?ie=UTF8&language=ja_JP

出处）https://www.amazon.co.jp/gp/history/cc?ie=UTF8&ref_=ya_browsing_history_settings 作者修改

▲图4–8　亚马逊网站的广告显示和显示记录的设定界面

亚马逊的用户不仅可以进行广告和浏览记录的显示设定，为了提高“商品推荐”的精准性，用户还可以控制“商品推荐”的显示。

具体方法为：在账户服务中登录邮箱地址和密码，然后在“我的商店”的功能中选择“向顾客推荐的商品”，在显示的众多商品中可以对他们进行“已经拥有”或“不感兴趣”等选择（图4-9）。

通过勾选“已在其他书店购买”“不感兴趣”
“已经拥有”等选项来提升“商品推荐”的精准度

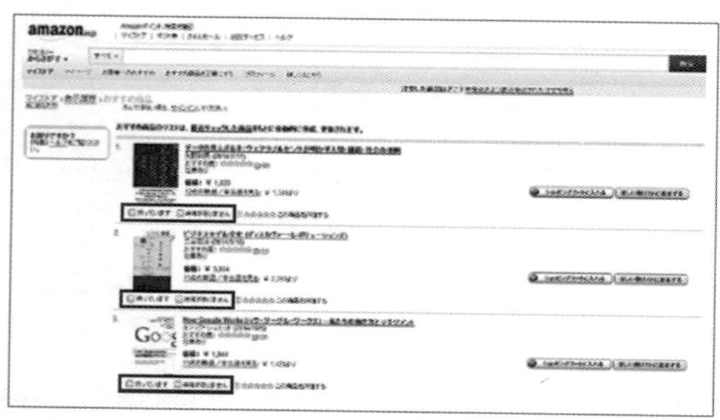

出处）https://www.amazon.co.jp/gp/history/recs?ie=UTF8&ref_=pd_ys_nav_pym

▲图4–9　亚马逊的“商品推荐”的设定界面

通过勾选“已在其他书店购买”“不感兴趣”“已经拥有”等选项来提升“商品推荐”的精准度。

如果在该设定中对商品勾选了“已在其他书店购买”“不感兴趣”等选项，那么该商品就不会再出现在商品推荐的画面中。对笔者自身而言，经常会出现自己所写的书籍的推荐，只要勾选了“已经拥有”的选项，以后它就不会出现在商品推荐的画面中了。

这里所介绍的亚马逊的功能并不是意在说明亚马逊灵活运用了用户的浏览记录和购买记录，而是想强调亚马逊与用户相互沟通这一划时代性的进步。

在Facebook中可以控制广告的内容

Facebook也开始关注与用户相互沟通这一点。逐渐开始尝试让用户自己控制网页中所显示的广告内容。

2014年6月，Facebook为了提高定位广告的精准度，开始活用一些除Facebook以外用户的浏览器及手机软件的应用记录。该公司对此进行了以下说明：

“例如，你想要买一台新的电视机，开始上网或用手机软件进行调查。我们便会为了让您买到最便宜的电视机而在众多电视机产品中进行对比，并向你发送一些广告。借此我们会认为你对电子产品感兴趣，今后会向你推送一些其他电子产品，如电视用麦克风、游戏机等相关的广告。”

以往，Facebook会使用用户在Facebook内的行动记录，根据用户在Facebook内的点赞内容、分享内容来推断用户的兴趣，从而发送广告。而今后活用的范围还会扩展到Facebook以外的浏览器和手机软件中。

Facebook以广泛的信息为基础，向用户发送定位广告，同时，用户也可以控制广告的内容。例如，名为“Adpreferences”的工

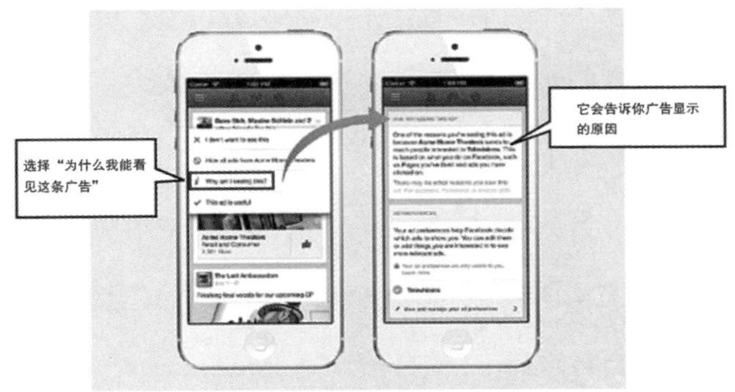

出处）http://newsroom.fb.com/news/2014/06/making-ads-better-and-giving-people-more-control-over-the-ads-they-see/

▲图4-10　Facebook的“Adpreferences”工具

具，它不仅可以告诉用户为什么他们会看到这些广告，还可以让用户自行编辑自己所关心的事项。如出现有关“家庭影院”的广告时，我们可以点击右上角的“×”按钮，选择“为什么我会看到这条广告”的选项，然后它便会告诉我们看到该广告的原因是“因为系统将你定位为对电视感兴趣的人群”（图4-10）。

如果你不想再看关于科技方面的广告，可以在“广告设定的显示和管理”中对自己所关心的事项进行设定，删除“科技”选项即可。如果想看关于“汽车”的广告，那么就可以在关心事项中追加汽车的选项，以后便可以看见关于汽车的广告了。

以前，如果你不想在Facebook上看到出现的广告，就可以屏蔽该广告公司的广告。今后，在此功能的基础上，用户还可以控制广告的内容。前文中所叙述的Opt Out工具只是拒绝接收定位广告的工具，而可以自行选择广告内容的“Adpreferences”工具与此相比可以说是一个非常大的进步。

但是，用户所能掌控的范围也仅此而已。确实，改变广告的设定就可以改变广告的内容。但是不可能删除所有广告。Facebook也发表声明说广告的总数是不会改变的。不仅是Facebook，这对于所有以推送广告代替收费服务的互联网服务企业来说，都是理所当然的事情。

这样，用户会想“反正都要被推送广告，不如看一些自己所关心的领域”。相比那些毫无兴趣的广告，用户应该更愿意看一些自己关心的广告。这对于广告企业来说也是有益的。

允许整体下载个人数据的Facebook

拒绝根据浏览记录所推送的定位广告并将广告更改为自己感兴趣的内容，这意味着我们自己可以掌控自身的个人数据。还有一件很有意义的事情，那便是用电脑下载我们的个人数据。

也许很少有用户注意到这点，在Facebook中，用户可以将自己所发表的内容全部以电脑文件的形式下载下来。可以下载的内容包括交际关系、职历、学历、住址，以及记载着“基本信息”的数据，还有好友名单、加入小组的名单、点赞记录、发布的照片等约70项记录。

另外还包括登录状态的记录，如登录/退出Facebook时的IP地址，点击的广告等信息。

下载的具体方法如下：首先，登录“账户设定”的页面，点击“下载Facebook数据”，接着点击“开始存档”按钮，输入密码，于是个人信息的存档便生成了。准备结束之后，会收到通知邮件，点击邮件中的链接，数据便会被压缩到一个文件夹内供客户下载。

这个功能的影响非常大。一直被Facebook独占的个人数据终于可以被用户自身所管理了。但是，需要注意的是，这些被下载的数据也可能被贩卖给外部企业。

提供Facebook数据解析的Wolfram Alpha

其实，希望将自己Facebook上的个人数据卖给第三方的用户也许很少。所以，大多数用户即使获得了自己的个人数据也不知道该如何利用。

使用Facebook的用户越多，数据就越庞大，对数据的处理也就越困难。而Wolfram Alpha公司（译者注：一家搜索引擎公司）就注

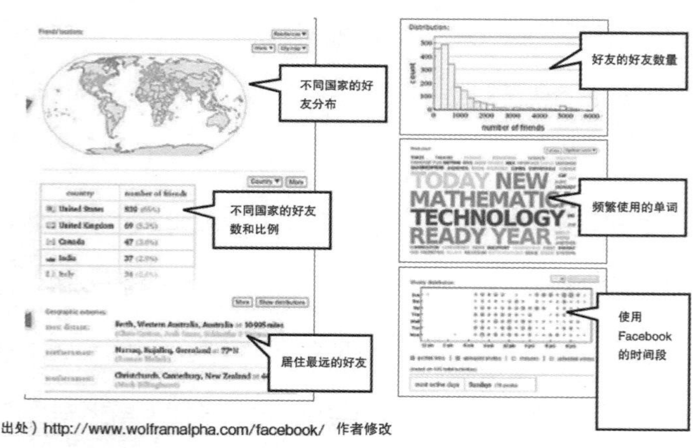

出处）http://www.wolframalpha.com/facebook/ 作者修改

▲图4–11　Wolfram Alpha公司根据“Personal Analytics for Facebook”有可能做成的报告

意到了这点，开发了智能搜索引擎。

在该公司免费提供的“Personal Analytics for Facebook”（译者注：脸谱网个人数据分析）中输入Facebook的账户信息，就可以分析自己在Facebook中的活动状况，并将状况图像化，更易于我们分析。例如，将好友按居住国家统计，挑出居住在离自己最远国家的好友，分析好友数量，频繁使用的单词，以及使用Facebook的时间段等（图4-11）。

该公司获得的Facebook数据通常会在一个小时后从服务器中进行删除处理。但如果用户同意该公司将这些数据作为计量社会学（注：为了解公司而积极使用数据的社会学的一个领域）的研究所用，那么这些数据就会被保存下来。该公司不会将这些数据贩卖给第三方，也不会用于任何商业目的。

这项服务不收取任何费用，免费为用户提供分析服务，并且将数据是否可以被利用的选择权交给了用户。可以说，这真的是一个良心软件。

汽车记录究竟属于谁

网络上关于个人数据的问题很多，而在现实中关于个人数据也存在着许多亟需解决的问题。例如，汽车的导航服务中的数据。这些数据集中起来可以为人们提供导航、规划路线等服务。但是，如果站在每一个车主的立场考虑的话，用户的行动范围和移动路线都是非常隐私的信息。如今的现状是，汽车制造商的导航会员规章中记载着："会员所行走的距离、位置信息、车速、燃油费、行驶轨迹等行驶信息都会自动地向制造商发送，并由制造商提供给第三方。"在申请导航会员时，就相当于你默许了这些规定。

在会员看来，以提供自己的行驶信息来获得制造商从其他会员合计得来的"某条道路可以以什么速度前行"这些信息，对自身还是有益处的。但是这并不意味着我们就要毫不犹豫地将自己的这些数据免费地提供给制造商。

在日本，该问题还没有被提出。而在欧洲关于该问题已经展开了激烈的讨论。例如，由世界各国的汽车团体组成的非营利的国际机构、国际汽车联盟（FIA）的欧洲、中东、美国地区于2014年1月向欧洲议会议员及相关人员呼吁，加强对汽车车载服务（注：将汽车等移动体与通信系统连接，提供实时信息的服务）的数据保护。

“对这些科技服务支付了费用的消费者应该自行管理自己产生的数据。（中略）最重要的是要给车主自由的选择权。”

国际汽车联盟针对能够与网络进行连接的汽车所生成的数据，提出以下消费者原则：

1. 数据保护

应该制定法律，在对汽车的数据进行检索时，必须征得车主的同意。消费者有必要知道“自己的何种数据，以什么目的向外部发送”，车主对自己汽车所生成的数据持有所有权，应该自行掌控数据的应用。

2. 选择的自由

消费者应该自由地选择自己喜欢的服务供应商和符合自己需求的产品，以及适当的服务等级。在多种安全的产品中，车主必须拥有选择的自由。另外，车主应该有权利并且不需要承担任何负担地更换服务供应商。

3. 公平的竞争

在开放的市场中，各服务供应商应该拥有自由开发产品的权利。这样，车主才能够自由地选择适合自己的产品服务。

现在，各汽车制造商所提供的电子服务都默认“汽车制造商=车载服务提供商”，车主几乎没有选择的余地。但是，消费者为了能够管理自己汽车的位置信息、车速数据，必须拥有选择车载供应商的自由。这样才能满足车主“开着进口车，用着丰田的车载服务”这样的愿望。国际汽联一区所提倡的消费者原则意在使消费者拥有对“这些数据会以何种目的被谁利用”的掌控权。

数据中间商也可以控制个人数据

在第2章中我们叙述过，数据中间商也在为消费者能够掌控自身的个人数据而努力着。例如，具有代表性的数据采集公司Acxiom于2013年9月公开了名为“AboutTheData.com”的网站。在该网站，消费者只要输入姓名、住址、出生年月日和社会保障号码（作者注：社会保障制度——日本的年金制度中每个人特定的号码，申请银行账户、获得驾驶证都需要该号码，是在美国生活不可或缺的ID）的后四位就可以阅览Acxiom所收集的关于自己的信息，如果发现数据中有错误，还可以对其进行更正。这对个人数据而言是一个划时代的进步。同时，消费者还可以在该网站申请停止收集、保存自身数据的Opt Out服务。

登录“AboutTheData.com”网站，首先会看到Acxiom将自己所收集的数据分为了“特性”“住所”“家用车”“经济”“购物”“对家庭的关心”六个类别（图4-12）。

接着，点击各类别，就会显示出关于自己在Acxiom的详细数据。例如，点击“特性”，则会出现年龄、性别、学历、婚姻状况、育儿状况、孩子的年龄等信息，如果内容有误，还可以进行修

Acxiom所持有的个人数据被分为“特性”“住所”“家用车”“经济”“购物”“对家庭的关心”六个类别

http://www.chicagonow.com/listing-toward-forty/2013/09/what-marketers-know-about-you-acxiom/

▲图4-12　Acxiom公开的“AboutTheData.com”

除了可以在此服务中确认关于自己的个人信息，还可以对错误信息进行修改，并且可以进行Opt Out申请

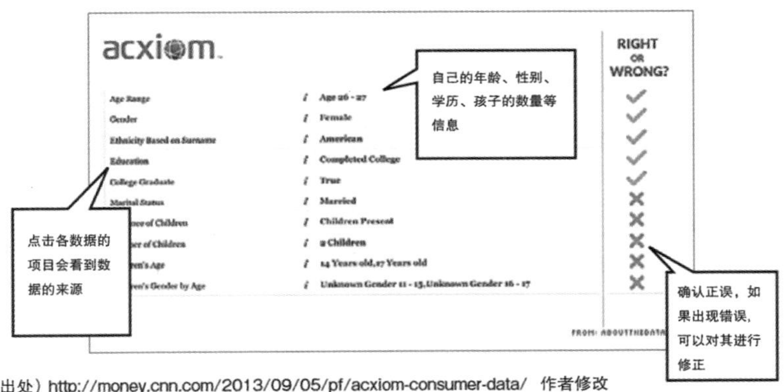

出处）http://money.cnn.com/2013/09/05/pf/acxiom-consumer-data/　作者修改

▲图4–13　Acxiom公开的“AboutTheData.com”的“特性数据”界面

正（图4-13）。同时，点击各数据时还可以了解这些数据的来源。

如第2章所介绍的那样，美国的数据采集产业给人一种地下作业的感觉，尤其是近几年，以英国金融培训集团为中心，呼吁数据采集业透明化的呼声越来越高。但像Acxiom这样以市场营销为目的而收集个人信息的企业没有义务对消费者公开信息的内容。而Acxiom确实为其他数据采集公司做了很好的榜样。

该网站仍处于试运行的阶段，但是数据采集公司将自己所持有的数据可视化，允许消费者修正自己的数据，这些做法都在一定程度上满足了FTC的要求。实际上，许多消费者在确认了自己的信息后都发现了一些错误，如“自己明明有两个孩子，信息却只显示为一个”“我明明没有贷款却说我有贷款”“我根本没有收集古董的爱好”……Acxiom也承认，这些信息中含有30%的错误信息。

而且，现在公开的数据都是在第1章中介绍的“志愿者数据”和“测量数据”，不包含“推测数据”。消费者在意的是自己被贴上什么样的标签，如“喜欢赌博”“高血压人群”“对流行很敏感”，等等。因此消费者要求公开“推测数据”的呼声很高。

像“AboutTheData.com”这种数据采集公司为消费者开设的可以确认、更正自己个人数据的网站有利也有弊。也就是说，如果重要的信息出现错误（如患有重病、有多重债务等），通过消费者的更正很有可能减轻自身受到的差别待遇（如不能加入保险、不能贷款等）。在申请更正数据的时候，需要输入如社会保障号码等ID以确认是否为本人操作。同时，消费者还可以提供数据采集公司没有收集到的信息。

从CRM（顾客关系管理）到VRM（数字营销与卖方关系管理）

从上文的说明中，我们不难发现，消费者能够拒绝个人数据被收集并可以更正被收集的个人数据，这都说明个人数据的发展逐渐在向着可控的方向发展。但是，没有改变的是，个人数据的主导权仍然掌握在企业手中。而为了将主导权回归到消费者手中，构建消费者与企业的新型关系，在这里为大家介绍一下“VRM（Vender Relationship Management）项目”（译者注：数字营销与卖方关系管理）。它是在2006年9月由哈佛大学克曼中心名为多克·希尔斯的人成立的。

多克·希尔斯的著作《意愿经济》中详细介绍过VRM。所谓“Intention Economy（意愿经济）”是以顾客的意愿为中心所构成的经济，与以顾客“注意力”为中心而构建的“Attention Economy（注意力经济）”相反。“Attention Economy（注意力经济）”为了获得顾客的注意，会分析顾客的购买记录和所接触的事物，然后为了促使顾客再次购买而向其发送定位广告和优惠券。可以说是以销售方为中心的世界观。

而“意愿经济”则是以购买方为中心的世界观。购买方在购买产品或服务时，对企业提出自己的想法、想要的东西（Request For Proposa=提议委托书）。例如，“想要在5小时后租用一辆能够乘坐8个人的汽车，预算在1万日元以内，联系方式为邮件联系”，消费者向卖方直接传递自己的要求，然后与符合要求的企业进行交易。也就是说，“意愿经济”的本质是买方寻找卖方，而不是卖方寻找买方。

无论企业启用多么优秀的数据科学家，也不如用户本人更了解自己需要什么。

在“注意力经济”的时代，企业是从庞大的数据中推测顾客所需的产品，然后大量地投入广告。而在“意愿经济”的时代，顾客明确地表现出自己的需求，从而扩大了企业与顾客之间的交易，产生更大的经济效果。这是顾客与企业间的一种新型关系。

VRM的目的

为将“意愿经济”变为现实，“VRM项目”被开发出来。下面就为大家介绍一下VRM的七个目的。

1. 提供管理个人与企业关系的工具

工具是属于个人的，也就是说，是在个人控制下的东西。在企业与个人之间，必须优先个人。

2. 个人为自身数据收集的中心

通过该项目，消除将交易记录、医疗记录、会员信息、服务条约等个人数据分散在各种数据库中的现象。

3. 赋予个人选择性分享数据的权利

不公开个人允许范围外的个人数据。

4. 个人可以控制他人使用自身数据的时间

通过个人判断，在与企业约定终了时，对自己的个人数据进行删除处理。

5. 让个人决定服务条件和方式

消除个人必须服从企业条约的现象。

6. 在开放的市场中为个人提供主张需求的方式

通过该项目减少个人数据不必要的公开。

7. 开放关系管理工具的标准：以开放式API、开放代码为基础

该项目不仅提高了商务的多样性和极限，还对社会做出了一定的贡献。

总的来说，就是消费者通过管理自身的个人数据可以选择将数据分享给谁，自行决定以什么条件与卖方进行交易。如果这些成为现实，那么消费者便可以掌控自己的数据，可以选择将个人数据长期提供给值得信赖的企业，停止将个人数据提供给信誉低的企业。

从单方契约中解脱出来

“意愿经济”所主张的“以购买者为中心”的世界观，意在改变互联网服务中“如果对条约不满，就不要使用该服务”的以卖方为中心的现状。

在条约中，处于优势地位的当事人（多数是卖方）可以任意地更改条约，而处于劣势地位的当事人（多数是买方）却只能服从条约。如果对条约不满意，除了“不签约”以外别无他选。也就是说，消费者不同意条约内容，就不能获得服务和商品。

例如，苹果公司的iPhone用户为升级OS，需要同意该公司所提出的条件。在升级到iOS8的时候，就出现了以下内容：

重要：您在使用iPhone、iPad或iPod Touch（以下简称iOS设备）时，就等同于你同意了以下Apple制定的各项条约（中略）。

在使用iOS设备之前，或在下载升级软件之前，请仔细阅读本条约。如果您使用了iOS设备或进行了软件升级，就意味着您同意了该条约的各项内容。如果您不同意条约的内容，那么请不要使用

iOS设备和下载软件升级（以下略）。

虽然苹果公司在形式上准备了“不同意”这个选项。但实际上留给消费者的只有点击“同意”按钮。于是，“使用设备、升级软件”=“同意”，而实际上即使确认条约的具体内容也毫无意义。如果不同意，那么只能放弃继续使用已经购买的iPhone了。

当然，并不是说只有苹果公司的使用条约很特别。如今，几乎所有的服务条约都是如此。以数千万甚至数亿人为交易对象的企业，是没有时间与每个客户都单独进行协商的。唯一有效的方法就是附加这种服务条约。

而“意愿经济”的“VRM的目的”中“让个人决定服务条件和方式”一项就是意在消除这种“消费者只能选择同意”的企业条约。

这与卖方根据买方的需求分析数据而进行的“注意力经济”不同，“意愿经济”是买方在明确自身意愿的同时，根据自己指定的条件与卖方构建关系。因此没有必要遵从“如果对条件不满，不买即可”这种奴隶式条约。

VRM工具所具备的功能

VRM项目最大的目标之一在于，开发实现“意愿经济”的工具。具体就是开发能够让顾客管理与多个企业之间关系的VRM工具。这与企业为了实现“注意力经济”，使用能够管理与众多客户关系的CRM工具是一样的。多克・希尔斯主张VRM工具应该拥有以下几种功能。

- 用户自身进行数据的收集、统计和管理
- 个人管理自己的ID
- 在条约中自由地设定用户自身的条件、规则和爱好
- 为了维持特定企业的独立性，主要面向个人开发和构建值得信赖的互联网计划
- 自助自我跟踪、自助自我侵入、个人情报
- 保存交流的记录
- 搜索个人化和功能改善
- 显示需要的内容（个人RFP等）
- 可以对应任意的活动、请求
- 可以在不同系统上开博客

- **用户自行管理自己的服务器**
- **与COM系统合作**
- **构建能够成为个人代理人团队的企业**

如果VRM工具的开发进展顺利，那么就可以实现消费者自身掌控个人数据的愿景。

将VRM工具现实化的个人数据商店

如今，社会上已经出现了将VRM工具现实化的个人数据商店（作者注：有时也称为个人数据服务、个人数据箱子、个人数据控制工具等）（以下简称个人数据商店）。个人数据商店是在消费者自己管理下安全地储存、管理、应用，以及分享个人数据的一种云服务。其中的数据包括住址、出生年月日、电话号码等基本个人信息，还有爱好、兴趣、浏览器的书签、点击量、 购买记录、健康数据、银行的账户信息、信用卡信息、驾驶证和护照等多种个人数据。它包含非构造化数据（文本、图像、录像等）与构造化数据（购买记录、银行的交易记录等）。在涉及的数据性质上，个人数据商店与银行相同，或者可以说具有高于银行的安全性。

当然，在个人数据商店上不一定要交易以上所列举的所有数据，只要一部分数据就可以。现在，提供和开发个人数据商店的主要是接受风险投资的欧美新兴企业，而几乎没有一个企业可以完全对应以上所列举的所有数据。

个人数据商店发挥着消费者代理人的作用，它拥有着统计消费者的数字ID和使消费者自己管理与企业等第三方的接触权限等功能。例如，可以使消费者自己设定“什么时间？谁？如何使用？付费是多少？”等自身数据的权限。

逐渐兴起的个人数据商店市场

在多克·希尔斯提出“意愿经济”VRM的概念之后，提供个人数据商店的企业也逐渐开始增多。但是，能够确立有效的商务形式的企业却不多，一些企业在成立该服务不久就退出了市场。这里向大家介绍一下其中资历较深的个人数据商店企业Personal.com公司与刚刚崭露头角的Meeco公司。

1. Personal.com

2009年在美国华盛顿成立的Personal.com公司，以“使个人能够掌控自己的数据”为目标，并加入了VRM项目。

该公司服务的特点是可以将数据以高度加密的形式进行云储存（图4-14）。只有本人才拥有解开数据的密码，就连保管者Personal.com也看不到数据的内容。

除了文本、照片以外，客户的信用卡账号、银行账户、保险证号码、护照号码、各种网站的登录密码等都可以进行云储存（图4-15）。另外，如果下载了可以自动输入格式的“Fill It”浏览器扩充功能，在申请其他互联网服务的时候，客户曾经输入的账户信息

可以将照片和文档加密保存

出处）https://play.google.com/store/apps/details?id=com.personal.android&hl=en

▲图4–14　Personal.com软件的界面（文件加密保存功能）

（姓名、账户名、住址、邮箱地址等）都会再次自动输入，省去了许多不必要的工夫。

该公司的特点是，可以读取银行、信用卡公司、电力/燃气公司、通信公司等在线交易记录和缴费单等十分丰富的数据。这是与提供集中数据服务的File This公司合作后所实现的服务。用户可以选择类别，然后只要输入用户名和密码，数据就可以自动地显示出来了。Bank Of American（银行）、Tbank（银行）、SBI（证券公司）、AT&T（通信公司）、Verizon（通信公司）、DirecTV（电视）、Amazon（电商）、PG&E（电力/煤气）、American Express（信用卡公司）、Allstate（汽车保险）等300多家企业都与File This公司开展了合作。

该公司非常注意数据的安全性，不仅时常保持数据的加密状态，还经常接受外部专业机构对关于备份、记录等方式的监察。可以说，该公司拥有着与银行同等的安全度。

File This公司除私人企业以外，还可以轻松地读取与教育部合作的FAFSA（联邦政府的奖学金申请书）和联邦政府借贷金记录数据，计划在未来还可以读取医院的诊断记录（病例）等数据。如果该计划得以实现，那么用户就可以管理自己的诊疗记录，从而可以对自行选择的医疗机构和保险公司分享自己的数据。

除信用卡账号、银行账户、护照号码以外，
还可以保管如Amazon等网站的登录密码等信息

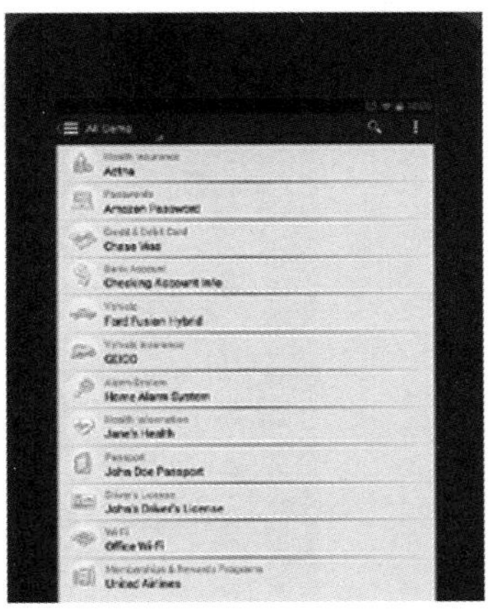

出处）https://play.google.com/store/apps/details?id=com.personal.android&hl=en

▲图4–15　Personal.com软件的界面（数据保管功能）

客户可以只对特定的对象共享自己所管理的信用卡账号、Amazon的密码、无线网络的棉麻等信息

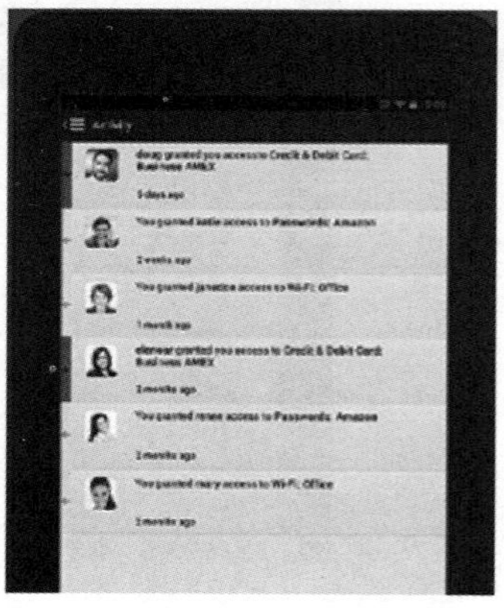

出处）https://play.google.com/store/apps/details?id=com.personal.android&hl=en

▲图4–16　Personal.com软件的界面（数据共享功能）

用户在允许对方共享和下载自己的数据时，只要制定个人数据商店中的数据，然后将密码发送给对方即可。同时，软件还可以管理用户曾对谁开放过数据等记录（图4-16）。

该公司的使用费用为每年29.99美元，每月2.99美元，还可以进行30天的免费使用。了解该公司所提供的所有服务请参照图4-17。

2. Meeco

“我们的愿景是，创造一个让地球上所有的人拥有分享自身数据的权利并得到等价报酬的场所。为了实现这个愿景，我们将构建一个能够保存每一个人的数据的最佳场所。”

于2012年创建的澳大利亚新型企业“Meeco”发表了以上的宣言。为了实现宣言的内容，该公司提供着管理“用户的属性”“网站的浏览记录”“喜欢的品牌（企业）”“（购买）意愿”这四项数据的个人数据商店。虽然像互联网广告企业那种收集个人数据的企业很多，但大多也主要是收集以这四项为中心的数据。

该公司具体通过以下四项服务使用户管理自己的数据和购买意愿。

（1）My Life：一种“数字简介”功能。家人、友人的联络方式，生日、宠物信息（生日、购买日、饲料等）、自己的健康信息除了可以一元化管理用户的姓名、住址、电话号码、邮箱地址等基本信息和外部网站的账户，还可以显示各种交易明细和缴费数据。另外，还可以给可信任的对方发送密码使数据共享化

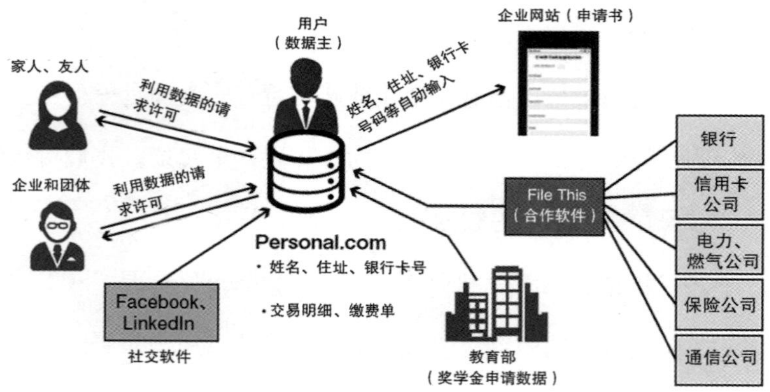

▲图4–17　Personal.com提供的所有功能

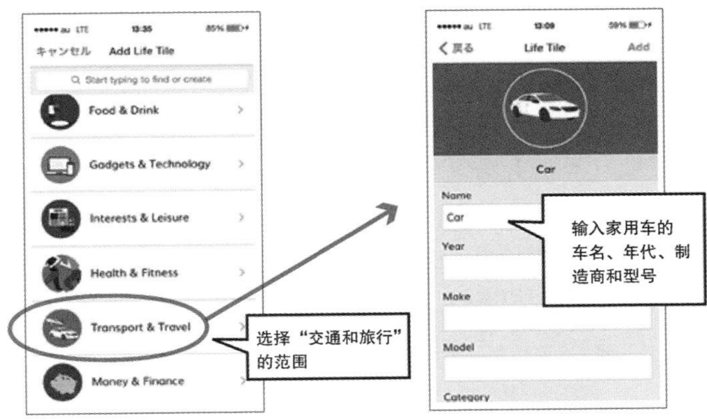

出处）Meeco的iPhone应用程序界面　作者修改

▲图4–18　Meeco“My Life”功能的界面

（血型、有无过敏、服用的药物、主治医生的联络方式、病历等）、名片信息等，将这些关于自己的信息一元化记录和管理（图4-18）。

（2）My Sites：一种安全浏览器。在该浏览器登录喜欢的网站，不会泄露Cookie和浏览记录。因此就不会收到根据浏览器记录而发送过来的定位广告（图4-19）。

而且，如果使用“隐藏程序”，Cookie和浏览记录就会自动消除。这是因采用了重视个人隐私的搜索引擎“DuckDuckGo”而实现的。

（3）My Brands：用户可以表明自己喜欢的品牌（企业）、关心的品牌，以及不想关心的品牌等对品牌所持有态度。例如，对“香奈儿”“迪士尼”“奥迪”等品牌，进行四个选项的分类：“因为喜欢所以正在使用”“虽然不喜欢但仍在使用”“虽然喜欢但没有使用”“因为不喜欢所以没有使用”。一般大部分用户是因为喜欢这些品牌所以关注他们，但也有些人虽然不喜欢这些品牌，但因日常生活而不得已使用（关注）他们。

目前，该公司能够实现的仅有这个功能，但是在不远的将来，用户可以通过自己对品牌的分类与品牌进行更多的交流。如用户可以对品牌企业提出“可以公开我的邮箱地址，但不要公开住址和手

将喜欢的网站按右上角的“+”键就可以添加到浏览器中
因为浏览器不会保存Cookie和阅览器路，所以不会收到互联网广告

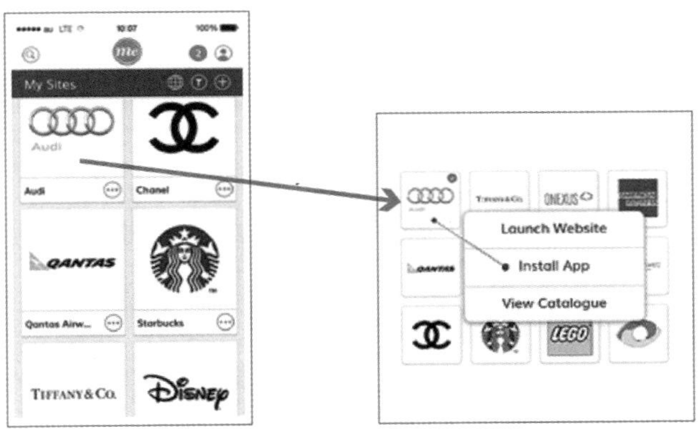

出处）Meeco的iPhone应用程序界面　作者修改

▲图4–19　Meeco“My Sites”功能的界面

可以点击右上角的“+”按钮，将品牌分为“因为喜欢所以正在使用”“虽然不喜欢但仍在使用”“虽然喜欢但没有使用”“因为不喜欢所以没有使用”这四个选项

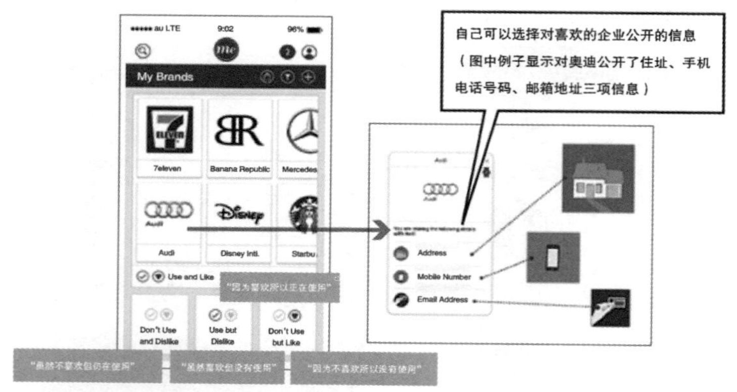

出处）Meeco的iPhone应用程序界面　作者修改

▲图4–20　Meeco“My Brand”功能的界面

▲图4-21　Meeco“My Intensions”功能的界面

机电话号码”或者“住址、手机电话号码、邮箱地址可以全部公开”等要求（图4-20）。

（4）My Intensions：这是用户对商品或服务表明意愿和要求的功能。例如，如果输入“在2015年7月之前想要换辆汽车”“2015年11月想要去蜜月旅行”，然后点击“匿名分享”按钮，与Meeco合作的外部汽车经销商和旅行代理店就会发来相关的优惠信息或提议（图4-21）。

该功能的特点在于，用户只能收到来自登录过的品牌发来的优惠信息或提议，而不会收到任何不感兴趣的企业发来的信息，这点很接近VRM工具的宗旨。

个人数据商店的优点是什么？

站在企业的立场，能够正确地获得消费者的爱好、需求以及所关心的事物这些数据，这对企业发展十分有利。Google、Facebook和CCC从消费者的网站搜索记录、浏览记录、购买记录中推测消费者的兴趣和需求，然后向消费者推送他们可能感兴趣的广告。但是，这些都是推测，并不一定百分之百符合消费者口味。而个人数据商店是使消费者自己输入自己喜欢的品牌、兴趣和需求，所以对于企业来说是非常准确的数据。这样，市场营销商就不用特意花费成本去收集数据，然后从众多的数据中进行推测了。大大提高了企业的效率。

其实，上文所提到的数据采集企业Acxiom所开设的“AboutTheData.com”就是向着个人数据商店的方向在发展。在现在所公开的试用版中，消费者可以对该公司所收集的个人数据（家庭构成、家用车、购买记录、兴趣等）进行确认，如果发现错误，还可以对其进行更正。但是，换句话说，Acxiom也只是通过该功能向消费者推送他们更感兴趣的广告，该公司认为“如果无论如何也消除不了广告，那么至少能让消费者自己选择喜欢的广告”。今后“AboutTheData.com”还会公开“喜欢的品牌”“喜欢的企业”等更多关于消费者的数据。

个人数据商店实现的世界

在个人数据商店得到普及之后，我们将会迎来一个什么样的世界呢？就拿搬家这个例子来说，如果我们搬家了的话，就需要将新家的地址、电话号码分别通知邮局、燃气公司、电力公司、水道公司，以及银行、保险公司、信用卡公司等一切与自己相关的公司。通知的方法有很多，可以向这些公司寄送明信片，或者打客服电话，但这都非常费时费力。

而如果使用个人数据商店，那么效果将大大不同。只要我们登录个人数据商店，更改一下“现住址”和“电话号码”就可以了。之后个人数据商店会自动将“现住址”“电话号码”这些信息发送给我们所允许的对方。

这不仅对使用者来说很有利，对企业来说也很有好处。当然，信息公开到何种程度是由消费者自身决定的。

产学协作下日益发展的“信息银行”

实际上，日本也有与个人数据商店十分相似的构想。以东京大学空间信息科学研究中心和庆应大学研究科为中心，正在发展的“信息银行”构想就是如此。

“信息银行”，顾名思义，是将个人的购买记录、行动记录、既往记录、过敏记录、预定表等个人数据与金钱一样管理，也就是说，把这些个人数据当成了一种“资产”。

具体的构成如下：首先，至今为止各种企业所收集、管理和使用的消费者的片段信息都与消费者本人共享。其次，作为信息保管、管理、使用机构的“信息银行”为消费者开设个人账户，将从消费者本人那里收集到的个人信息存到该账户中。关于账户内的信息，本人持有掌控权。根据信息的种类，消费者可以将信息的提供范围设定为“如果企业A使用的目的是××的话，可以匿名提供信息”“如果企业B使用的目的是××的话，不用匿名便可以为其提供信息”“如果企业C使用的目的是××的话，那么不为其提供信息”等种类。

从企业角度看，如果得到消费者的同意，便会获得正确的数

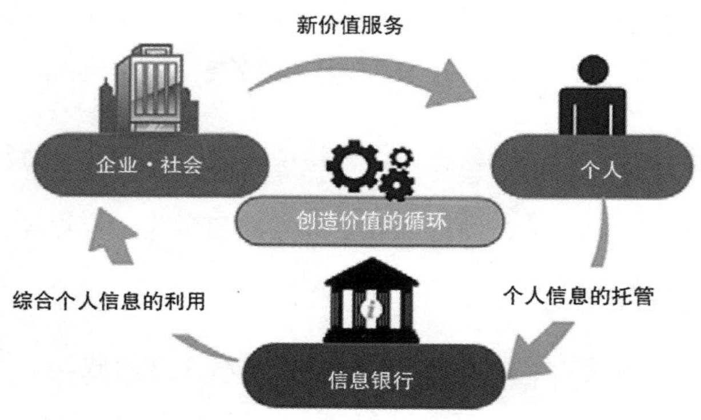

出处）"信息银行国际财团研讨会（2013年9月30日）"东京大学空间信息科学研究中心柴崎亮介氏　资料

▲图4-22　信息银行的概念

据。而消费者一方也会因提供信息而得到特别的积分等优惠（图 4-22）。

例如，如果医院能够获得个人的病历、用药记录、饮食、活动和睡眠等有关生活习惯的信息，那么也许就可以将病人个性化，制定非常详细的治疗方针。

“信息银行国际财团”的设立

为了将“信息银行”的概念具体化，研究团体成立了以东京大学空间信息科学研究中心的柴崎亮介教授为代表，庆应大学大学院媒体研究科的砂原秀树教授为事务局长的“信息银行国际财团”。

该财团计划在2014年至2016年三年时间里研究认证、密码化、

出处）“G空间EXPO”信息银行国际财团主题展　作者摄

▲图4–23　个人信息ATM机

匿名化等安全性和ID管理技术的开发，以及在制度方面、运用体制、规则方面（监察、评价、定款、契约）、社会接受等社会和经济方面所面对的课题。

2014年11月，在东京台场的日本科学技术未来馆中举办的“G空间EXPO”中展示了“个人信息ATM机”（图4-23），并展开了许多具体的讨论。

信息银行国际财团成立时的计划是成立实际的信息银行法人，与储存个人信息的“储户”和利用个人信息的企业达成契约。

但是，让人感到疑问的是，这个“个人信息银行”能否得到消费者的信赖？虽然被称作“银行”，但是它不具备银行的社会信用，或者说，如果得不到政府的支持，那么消费者便很难接受它的主张和计划。

专栏　20世纪70年代有人就曾预测过个人数据商店、数据中间商的出现

被称为“微型小说之神”的作家星新一有一部名为《声音之网》的作品。这虽然是一部40年以前的作品，但它却惊人地预见了个人数据商店和

数据采集行业的登场。

例如，他在“诺亚的子孙们”一章中描写到，主人公的工作地点为“宙斯信息银行”，该信息银行会对顾客发出“疫苗即将过期了，请在一周内到医院”或者“明天是您孩子的生日”这样的通知。而且，该银行还会为客户代缴水费、燃气费，其中还包括代写申请保险时所需填写的调查栏内容。这些描写与个人数据商店中的“自动填写表格”的功能很相近。

另外，书中还描写了宙斯信息银行的支店长在收到来自大客户对某个客户性格分析的请求时，会向其提供“根据秘密数据的性格分析”的服务，“这并不是个人的具体秘密，而是性格模式化的信息”，这与现在人们所谈论的“定位推理”如出一辙。可以说书中描写的就是名册店、数据采集行业的状态。

《声音之网》发表于1970年，那时微软还没有成立，我们现在所说的电脑还没有出现。然而，该书的作者却洞察到了如今数字社会才出现的“个人数据的管理”和“定位推理”。

意愿经济的作用

在这里，我们再次总结一下“意愿经济”与“注意力经济”的差异（图4-24）。

“注意力经济”是卖方寻找买方，而“意愿经济”是买方寻找卖方的形式。从购买条件来看，“注意力经济”是买方遵从卖方的条件，而“意愿经济”是卖方遵从买方的条件。

虽然“意愿经济”的概念很好，但并不是所有的交易都适合“意愿经济”。例如，像上文中所提到的iPhone就完全是买方市场。买方只能遵从卖方的条件。“意愿经济”发挥价值的基础在于，卖方与买方的实力是相等的，或者说买方的实力更胜一筹。

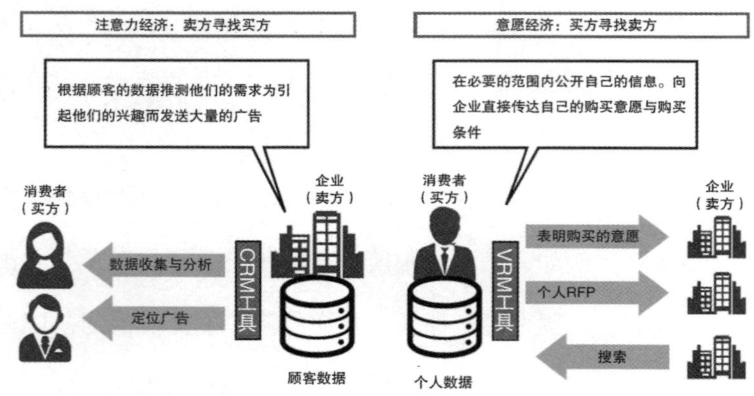

▲图4–24　意愿经济与注意力经济的差异

配备意愿经济的服务

那么，我们具体来看看“意愿经济”是如何发挥作用的。国外已经出现了实现“意愿经济”概念的划时代服务，在这里为大家介绍两个例子。

1. OffersBy.me

2012年11月正式开始服务的“OffersBy.me”可以为饮食、购物、娱乐等提供优惠券等服务。

这样说也许大家会感觉这并不是一个很稀奇的服务，而事实并非如此。OffersBy.me并不是如同美食网站和购买优惠券的网站一样，自己寻找优惠信息。

首先，用户先指定所需的商品或服务。如用户的条件为“65美元以内的餐厅，种类随意”（图4-25）。

于是OffersBy.me就会为用户显示出符合该条件的提供者（图4-26）。

实际上OffersBy.me的规则是预先想象用户指定的条件，然后从合作的餐厅或购物中心中选出符合条件的供应者。例如，如果遇见

出所）https://itunes.apple.com/us/app/offersbyme/id555099887?mt=8&ign-mpt=uo%3D4 作者修改

▲图4–25　OffersBy.me的搜索界面

“预算5000日元以内”的条件，首先决定“是否提供”，如果决定为消费者提供，可以设定“消费额打九折，但周六、日除外”的条件。

OffersBy.me的优点在于，因为用户自己指定条件，所以就不用去个别的网站去搜索信息。而且用户设定了希望价格，所以消费者与提供者便可以在一定的范围内进行交易。因此提供方不会因发优

显示出符合指定条件的餐厅

出处）https://itunes.apple.com/us/app/offersbyme/id555099887?mt=8&ign-mpt=uo%3D4

▲图4–26　OffersBy.me的搜索结果

惠券等行为降低自身的品牌价值。

另外，店铺不用盲目地发送优惠券，因为用户分享了自己的购买意愿，所以店铺可以选择顾客，这点可以说是一个突破。因为用户在注册会员的时候，会输入自己的属性等信息，所以提供者会在判断客户层的基础上选择是否提供服务。可以说，这构建了卖方与买方双赢的关系。

买方登载自己所需要的商品和交易条件
符合条件的卖方会提供相关商品和服务

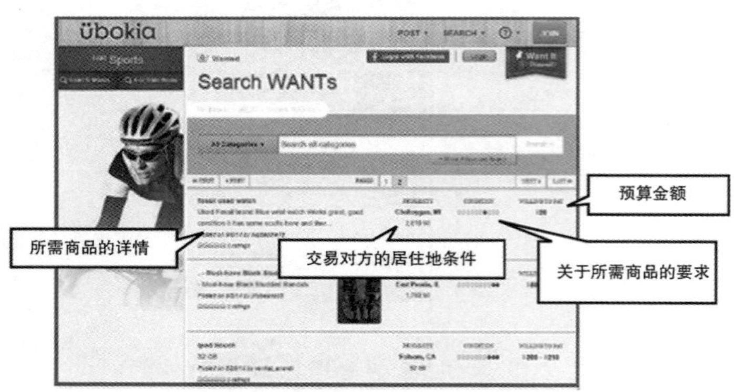

出处）https://www.ubokia.com/?page=browse&defbrs=1&category=all&categoryType=all&slice=2 作者修改

▲图4–27　以买方为中心的网上营销Ubokia

而关键是OffersBy.me能够聚集多少合作企业（餐厅和店铺等）。OffersBy.me的开发者是在对优惠券网站进行了彻底研究之后，满怀自信地开创了OffersBy.me。所以它成功的可能性十分大。

2. Ubokia

一般的网上营销都是卖方在互联网上登载出自己商品的详细内

容和价格等信息，然后买方从中选择自己想要的商品，进行交易。而Ubokia是买方登载出自己的想要购买的物品和希望金额等信息，卖方会根据这些条件选择是否提供商品和服务。也就是说，它忠实地遵从了VRM的概念（图4-27）。

Ubokia与一般的网络营销不同，Ubokia的买方省去了从庞大的商品中搜索商品的大量时间。

乍一看，Ubokia的服务与逆拍卖很像。但逆拍卖是“商品的买方从卖方中选择最低出价者进行交易”，比较倾向于价格方面。而Ubokia可以进行位置指定，如“交易对象距自己居住地50公里以内”等。

Ubokia最大的特征在于用户可以详细地指定自己所需的商品内容。例如，如果你有所需的商品，但不能很准确地描述时，可以在Ubokia的合作软件“Pinterest”中指定图片，决定交易条件，然后只要等待符合条件的供应商出现便可。它的优点在于即使用户不知道自己所需商品的名称也可以搜索到该商品。

本章小结

- 为了使消费者从“在自己不知道的情况下就被收集个人信息”的现状中逃离出来，必须使个人数据可视化，让消费者自身掌控自己的个人数据。
- 在Amazon和Facebook中，用户可以控制自己所看到的推荐商品及广告信息。互联网企业逐渐向着允许消费者自身掌控个人数据的方向发展。
- 一些数据采集企业已经将自己所收集的个人数据可视化，消费者可以对关于自己的错误数据进行更正，这体现了个人数据的“透明化”与“说明责任”，同时这也说明消费者掌控自身个人数据是有可能的。
- 为了使消费者夺回自己掌控个人数据的权利，意在构建消费者与企业间新型关系的“VRM项目”出现了。
- VRM是为了实现以买方为中心的世界观“意愿经济”而计划的项目，与以实现卖方为中心的世界观“注意力经济”的CRM相反。
- 国外已经出现了VRM工具“个人数据商店”，以及以为实现“意愿经济”为主旨的一些服务。

第5章

为用户提供个人数据分析报告：即将到来的新兴产业

收回个人信息免不了政府的介入

如上文所述，如今消费者可以更改根据自身个人数据而看到的广告内容，还可以管理自己的个人数据，还有可能掌控广告的提供方。对于消费者来说，他们最希望的是能够自己掌握控制自身个人数据的权利。

也就是说，一直以来由于企业过度收集个人数据，使得企业比消费者掌握的个人数据多得多，形成了一种“信息非对称性”的现象。而为了扭转这种状态，平衡企业与消费者之间的权利，需要政府的适当介入。

许多年以前，以英国和美国为中心的欧美国家就已经开展了政府主导的、强化消费者权限的“消费者授权政策”。

英国政府推行的Midata Project

英国的行政机关之一，强化国际竞争力的“职业技能部（The Department for Business，Innovation and Skills，以下简称BIS）”在2011年4月13日与内阁共同发表了题为“更好的选择、更好的交易——消费者成长的原动力（Better Choice：Better Deals——Consumers Powering Groeth）”的报告。该报告介绍了英国的发展战略之一“消费者强化战略（Consumer Empowerment Strategy）”，倡导扩大消费者权利，在消费者购买商品和服务时能够拥有更多更好的选择，从而达到更优质的交易。如果消费者希望企业能够提供更好的商品和服务，那么便会提高企业的积极性和竞争力，从而长期地促进本国的经济成长。

“更好的选择、更好的交易”中提出了四方面的政策——“信息的力量”“群众的力量”“对弱者的支援”“企业与政府的新功能”。最引人注意的便是“信息的力量”这一方面。

“信息的力量”提出了使企业能够让消费者接触到它所持有的个人数据，并且可以对个人数据进行下载的“Midata”项目。“Midata”的含义是“从企业掌控消费者个人数据的世界向消费者自身掌握个人数据的世界转换”。这对企业来说是一个不小的挑战。

Midata被提出的大背景是企业通过收集消费者的行动记录，运用顾客关系管理系统等对数据进行管理，从而使自身所掌握的数据要比消费者个人还多，结果形成了“信息的非对称性”这一状态。英国政府认为这种非对称性很有可能损害消费者的利益。

以手机的使用记录为例，通信公司拥有消费者每个月的通话时间和通信量等详细的使用数据。如果通信公司以优惠计划等形式恶意使用这些数据，也很少会有消费者对此有所察觉。

英国政府将Midata定位为他们正极力推进的“Opendata”（作者注：电脑可读的形式、可二次利用的数据。多指现实生活中行政机关所持有的地理空间信息、防灾信息、统计信息等公共信息）政策的下一个阶段。所谓“Opendata”，是指在“提高透明性”的前提下，政府和自治团体拥有的数据。由此可见，英国政府意在要求企业提高所持有的个人数据的透明度。

Midata的愿景

“Midata”的目的是使企业所持有的如消费者在超市和网上商城的购买记录和手机的使用记录等个人数据对消费者公开，并由消费者对其进行掌控。

例如，如果手机的使用记录可以以电子数据的形式下载下来，那么消费者就可以通过过去的通话时间和通信量来分析自己的使用倾向，从而选择最适合的套餐。如果消费者不想自己进行分析，还可以将下载下来的电子数据转发给信任的第三方（咨询师等），让

▼表5–1　TACT的概要

透明性	接　触	掌　控	转　让
供应商会将自己持有顾客的何种数据透明化	供应商必须使顾客可以安全地接触到自身的数据	供应商必须能够让消费者修正、更新、设定自己的数据	必须将数据返还给个人。使消费者自身可以进行数据分析

对方帮自己选择最适合的套餐计划。也就是说，让消费者从企业手中取回存有自己购买记录和使用记录的个人数据，并由消费者自身决定这些数据的使用权限。

英国的消费者一直以来都根据“数据保护法”拥有管理自身数据的权限，也就是说，企业在法律上有义务为消费者提供他们的个人数据信息。但是，现实是如果消费者想要企业为自己提供个人数据，必须进行书面请求，还需要花费一定的手续费和时间。而且被请求的企业最长可以在40天以内作出回应，而这样消费者得到的数据就有可能不是实时的数据。

近些年，消费者可以在网站确认自己的信用卡和手机的使用明细与通话明细。但是一般网站只提供画面确认，很少会允许消费者对这些数据进行下载。就算一些网站允许消费者下载，也只仅限于PDF或CSV（作者注：是最通用的一种文件格式，它可以非常容易地被导入各种PC表格及数据库中）等电脑无法二次利用的格式。

英国政府为了实现Midata的愿景，对TACT（Transparency、Access、Control、Transfer）这四个阶段进行了定义（表5-1）。

另外，根据Midata的愿景，该项目倡导数据要遵从以下九点原则：

（1）对消费者开放的数据要使用标准形式，要提供可再利

用、再读取的形式；

（2）消费者可以对自身的数据进行浏览、搜索和保存；

（3）消费者可以自由地分析自身数据，可以更正、编辑和分享这些数据；

（4）要尽量使用标准化，追求数据的共享化；

（5）如果消费者提出请求，要尽快为其提供数据；

（6）为了对特定的需求起到效果，要提供实用的信息和数据；

（7）企业不要妨碍消费者对数据的保存和再利用；

（8）企业为防止数据泄露必须实行适当的对策，要将数据与个人共享，理解个人想要掌控自身数据的需求；

（9）企业要对消费者说明数据收集的方法和数据本身所具有的意义，要明确标记出现问题时的联系方式。

这其中比较重要的是即使在不同业界，数据也要尽量地标准化。这要求通信公司、燃气公司、银行、信用卡公司脱离“通信记录”“使用记录”和“交易记录”相混乱的状态，形成以消费者为中心的数据资产形态（图5-1）。如果消费者能够聚集这些数据，就可以利用它合理地作出“饮食费”“光热费”“通信费”等规划了。

为了达成Midata的愿景，不可缺少的便是私人企业的合作。现在已经得到了以下26个企业和团体的合作（以下只是一部分）。

Midata提倡消费者自身管理个人数据，而不是由企业管理。

- Prettyish Gas（普利迪斯燃气）
- EDF Energy（英国电网）
- Lloyds TSB Bank（英国劳埃德银行）
- Google（谷歌）
- Master Card（万事达国际组织）
- RBS（苏格兰皇家银行）
- VISA Card（维萨卡）
- THREE（日本化妆品牌）
- Consumer Focus（消费者聚焦）
- CITIZEN ADVICE（公民咨询局）

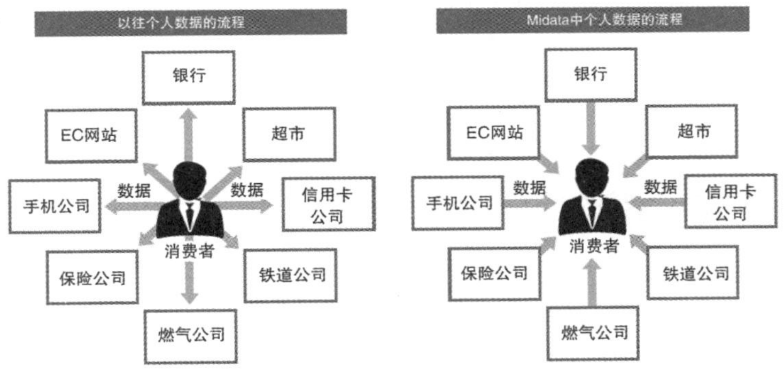

▲图5-1　英国政府推进的“Midata”中个人数据的流程

私人企业的优势

私人企业可以自由地参加Midata项目。将一直以来企业所持有的数据以可再利用的形式返还给消费者，可以改善企业与消费者之间的信赖关系。英国政府通过企业参加Midata项目，期待企业达到以下几点要求。

1. 提高透明性

企业将自己所持有的数据返还给消费者，会被认为是“诚实开明的企业”，从而提高自身的评价。相反，不参加该项目的企业有可能被认为“是不是做了什么坏事？”

2. 提高数据的质量

企业通过允许消费者浏览存量数据和修正错误信息，从而提高数据的质量。

3. 革新

消费者可以保存自己的数据并将数据分享给值得信赖的第三

方。这可以使得到分享数据的企业为消费者提供崭新的服务。

政府将能源公司（注：英国能源界与日本地域垄断的电力、燃气公司不同，是以竞争为机制的）、银行、信用卡、手机服务这四个产业作为Midata项目的重点领域。因为这种长期的交易费用体系都很复杂，所以很符合Midata的概念。

Midata 革新实验的设立

为了加速Midata的发展，2013年7月4日，“Midata Innovation Labo”（Midata 革新实验）成立了。“使用实际消费者的数据，验证Midata的有效性”。通过Midata项目灵活利用返还给消费者的个人数据，从而与政府和私人企业、消费者团体合作开发以消费者为中心的软件和服务。

在设立实验的时候，因为需要实际的数据，所以募集了1000名提供个人数据的志愿者。数据的内容包括以下几项：

（1）关于个人的数据：出生年月日、有无子女、护照信息、驾驶证信息、家用车的车种和住宅的形态（是否租房）等。

（2）交易数据：与银行、信用卡公司和燃气公司、通信公司或私人企业的交易记录（缴费记录等）。

（3）关于个人想法和意向的数据：有无旅游或购买汽车等计划。

在2013年7月至10月约四个月的实验期间，消费者志愿者为实验提供了以上这些数据。因为数据中包含银行和信用卡的交易记录等涉及安全的信息，所以这些数据都由实验的合作公司所运营的个人数据商店严密地管理着。

Verizon和Telefónica（都是通信公司）、BBC（英国广播协会）、NPower（燃气/电力公司）等实验的合作企业在让消费者自由地浏览个人数据的同时，也希望开发出能够让消费者认可的具有革新性的软件。通过该活动而开发出的新型软件见图5-3。

出处）http://www.midatalab.org.uk/founding-partners/

▲图5-2　Midata革新实验的合作商

（1）My Finance

在该软件中，只要输入自己银行的账户数据、信用卡交易记录、收入和支出的数据，就会为用户做出每个月返还贷款或债务的合理计划。也可以说是电脑版的金融咨询师。这不仅对消费者有益，还可以在一定程度上减轻银行和信用卡公司的负担。

（2）My Energy

在英国，低收入者等社会弱势群体在电气、燃气等费用上会受到来自政府的补助。但是，很多人不知道自己拥有这项权利而在冬天被冻死。

该软件只要输入家庭构成、环境、收入和退休金、住宅类型、构造等数据，就可以得知自己是否享有补助的权利。

（3）My Move

搬家后可以将新住址自动通知给对方（电气公司、电信公司、银行、信用卡公司等）的软件。

（4）My Health

利用该软件可以收到关于健康方面的建议。通过治疗记录和用药记录、体重、睡眠和运动等数据为用户提供健康建议。

（5）My Relative Calm

该软件可以根据银行的交易记录、住宅内的数据判断“金钱是否有异常流出的动向？室内是否保持着安全的温度？”这便于家庭成员或护理人员对高龄者的看护。

BIS通过Midata革新实验的活动向大家说明了“个人数据生态系统”是可以兼顾消费者保护和强化权利的。如今，活动开始的7月4日被命名为“英国消费者独立纪念日”。

先行的能源公司与紧随其后的大银行

如上文所述，自2011年11月以来，私人企业是可以自由参加Midata项目的。但是BIS认为，有必要加强企业返还消费者个人数据的法律强制力，于是于2013年制定了《企业规制改革法》（Enterprise and Regulatory Reform Act），并设立了个人信息保护制度的监督机构——“信息最高管理机关”。监督对象为上文所述的四个产业（能源、银行、信用卡、手机服务）。

而这种结构能够渗透到企业的何种程度呢?

2014年7月BIS公布的Midata项目的进展报告中显示，能源业的进展最大，英国最大的六个能源公司已经对应Midata提供了数据下载服务。

与能源业相比，金融界的反应相对比较迟钝。但在2014年6月，巴克莱银行、汇丰银行、劳埃德银行、美国全国保险公司、苏格兰皇家银行、中央银行六大银行都表示赞同Midata。因此，直到2014年年末，消费者都可以在这些银行下载自己的银行账户数据。因为账户是非常隐私的信息，所以删除了可以确认用户本人的相关信息。但是却包含了使用的店铺名和消费金额，这点反映了政府的意向。另外，为了使消费者获得最好的交易，第三方还提供了可以对各银行进行比较的工具。

信用卡业和通信业虽然也通过个人数据商店提供交易记录和缴费单的下载服务，但是这些下载的数据却无法用电脑读取。这两大领域还有待发展（作者注：为2014年7月的状况）。

如果BIS觉得该项目推进得不尽如人意，便会执行上文所提到的《企业规制改革法》使企业义务加入Midata项目。但是，因为已经出现了一定的进步，所以BIS认为“现在没有必要执行该改革法”。以现在的形势来看，今后Midata项目会有更好的发展。

不仅英国政府热心地改善着消费者的权益，美国也有着相似的举动。下面就为大家介绍一下被称为“美国版Midata”的“Smart Disclosure（智能决算）”。

美国联邦政府推进的“Smart Disclosure”

美国联邦政府推进的“Smart Disclosure”，是指政府机构和企业将所持有的数据以电子版的形式提供给用户。它的目的主要有两个：一个是通过下载电子版的电气和燃气等使用量和自身的金融资产数据，使这些数据变得易于加工；另一个是以这些数据为基础，促进企业开发新的符合消费者意愿的互联网服务。

Smart Disclosure是美国联邦政府为在医疗、教育、能源和金融等方面支援消费者而设立的组织。例如，消费者可以在电力公司的主页上下载使用记录，还可以将这些数据分享给值得信赖的企业。

在日本，有一种“汽车保险预算服务”，只要输入自己的年龄、汽车名、汽车的使用目的、每年的行驶距离等个人信息，各汽车保险公司就会发来保险预算。Smart Disclosure就与该想法很相近。而Smart Disclosure将这个概念扩大到了能源和教育等各个领域，并且不用输入，根据电子数据就可以进行分析，这体现了它的智能性。

如果美国政府通过Smart Disclosure可以帮助国民选择适当的大学、保险、能源套餐以及金融商品，那么同时就会大大提高美国的国家竞争力。它的方向性与上述的英国政府的Midata基本是一致的。

美国联邦政府为实现“Smart Disclosure”所实施的对策

为实现Smart Disclosure，2011年7月（2012年11月结束）国家科学技术委员会成立了特别调查委员会。2011年9月，“开放政府”宣布推进Smart Disclosure。奥巴马总统在纽约举行的“Open Government”纪念仪式上发表了以下演讲：

“我们开发了名为‘Open Government’的工具。它会通过国民所公开的数据，帮助国民选择医疗服务、投资企业，等等。这会大大推进政府公开数据的政策，为国民开辟一条新的参政道路。今后还会有更多的数据，如健康数据、食品安全相关的数据和与环境相关的数据以有效的形式向大家公开。这就是信息的力量。数据公开可以帮助国民进行决断，企业还可以根据数据创造出新商品和新的雇用关系。”

2013年3月，白宫发表了《政府信息的“Open（开放）”和“Machine-Readable（机械可读性）”形态》，这引起了社会的广大反响。

这意味着奥巴马政权推出了推进和完善Smart Disclosure的政策（后文详述）。

“Smart Disclosure”定位的四个数据范围

Smart Disclosure所涉及的数据大概分为四类（表5-2）。

1. 公共机构所持有的关于个人的数据

包括退役军人的健康数据、管理和学生申请政府奖学金的数据等。美国的《1974年隐私法》规定公民有权利接触政府机构所收集

▼表5-2 Smart Disclosure的对象数据

	产品/服务	个　人
公共机构	公共机构所持有的产品和服务相关的数据产品数据、关于医院和医生质量的数据、飞机的运行记录	公共机构所持有的关于个人的数据、退役军人的健康管理数据、学生获得政府奖学金的数据等
私人企业	私人企业所持有的产品和服务相关的数据本公司的产品和服务的信息	私人企业所出游的关于个人的数据电力/燃气的使用记录、医疗记录（治疗和用药记录等）

和持有的个人数据，如果数据出现错误，公民还可以对数据进行更正。Smart Disclosure就是为公民提供安全接触个人数据的组织。从政府机构的角度来看，通过这种组织的完善，可以减少应对信息请求的成本。

2. 关于公共机构所持有的产品和服务的数据

包括产品的召回数据、关于医院和医生质量的数据、宽带服务覆盖范围的数据、飞机定时运行数据、关于电器产品的能源效率数据、大学升学等多种多样的数据。

联邦政府一直以来都收集着这样的数据。Smart Disclosure通过使这些存量数据可读化，让公民享有了自由利用个人数据的权利。

3. 关于私人企业持有的产品和服务的数据

包含私人企业所销售的本公司产品和服务的方式和价格的信息。如果企业将这些数据以可用电脑阅读的形式公开化，那么进行价格比较的那些网站就会轻易地获得数据。因此，公民也会容易地选择出更好的商品。

4. 私人企业所持有的关于个人的数据

包括能源的使用记录和教育数据、医疗数据（治疗记录、用药记录）等私人企业和团体所持有的关于个人的数据。如果个人可以灵活利用这些数据并提供给信任的第三方，那么就可以根据自身情况而接受个别的建议了。

其中1和4的公共机构和私人企业所持有的关于个人的数据最为重要。近些年，美国联邦政府已经逐渐地使消费者可以接触到在健康、能源、教育等领域关于自身的数据。下面为大家所介绍的“Blue Button（蓝色按钮）”“Green Button（绿色按钮）”“My data（我的数据）”就是使消费者实现掌控自身数据的设置。

Blue Button Initiative（译者注：蓝色按钮方案）

Blue Button Initiative可以使患者在网站上很容易地下载自己的医疗信息，还可以分享给信任的医疗机构和护理师。2010年8月奥巴马总统宣布负责高龄者保险（作者注：在美国是名为“Medicare”面向高龄者的公共医疗保险制度。它记载着用户的健康保险号码）的社会保险部首先将退役军人部和保险福利部定位服务对象。

具体为：退役军人部面向退役军人开设网站“My HealthVet”（译者注：我的健康医生），保险福利部面向高龄者保险领取者开设“Mymedicare.gov”（译者注：我的医疗保险）网站，然后通过Blue Button（图5-3）的软件用电脑将自己的医疗信息以文本或PDF的形式下载下来。

为了使用Blue Button，首先需要建立一个账户。在“Mymedicare.gov”上输入自己的健康保险请求号码、姓氏、出生年月日、性别、邮编号码（图5-4）之后，就与一般的互联网服务一样设定用户名和密码，于是账户便建成了，十分简单。

在Blue Button上可以下载的信息包括以下几种。

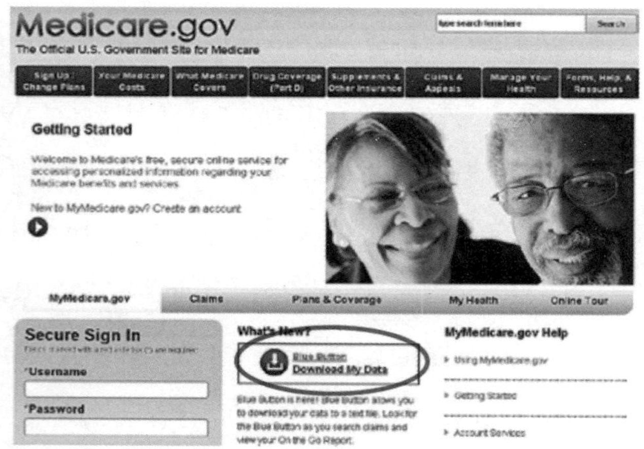

出处）https://mymedicare.gov/

▲图5–3　面向高龄者的公共保险制度“Medicare”的网站内所设置的蓝色按钮

输入健康保险请求号码、姓氏、出生年月日、性别、邮编号码等信息
就可以注册账户

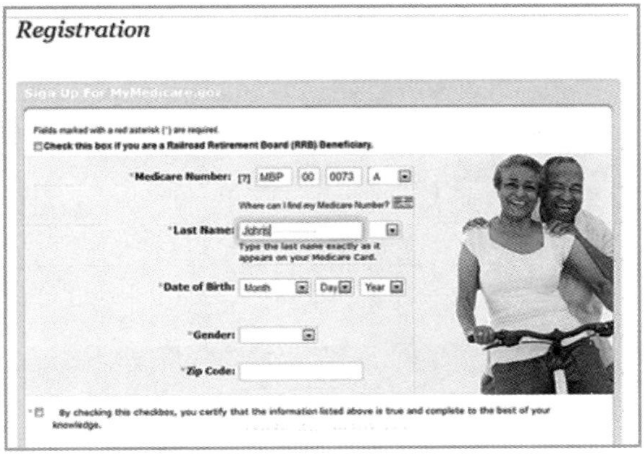

出处）https://mymedicare.gov/registration.aspx

▲图5–4　Blue Button的账户注册界面（Mymedicare.gov）

- 姓名、住址、联系方式
- 医疗机构、曾去过的医院和其联系方式、医院名
- 所加入的保险
- 以往的检查日
- 退役军人医院的病历
- 处方医药品名
- 保险药剂调剂数据
- OTC（非处方药）
- 过敏记录
- 医疗处置
- 疫苗接种记录
- 生命体征、检查记录

Blue Button Initiative的目的在于公民可以自己决定将自己的医疗信息提供给谁。

公民可以下载自己医疗信息的背景是美国电子化的急速发展。以往的纸质化信息管理是不可能实现Blue Button的。

促进有效利用数据的应用程序

如图5-5所示，通过Blue Button可以轻松地下载个人数据。它在简便性方面考虑了很多。但是从那些枯燥乏味的ASCII（译者注：美国标准信息交换代码）文本文件中找出具有意义的数据并加以灵活运用也是一件费时费力的事情。

于是，通过Blue Button下载数据的软件开发大赛便开展了起来。在奥巴马总统宣布创建蓝色按钮方案后的两个月——2010年10月，Blue Button正式开启，同时软件开发大赛“Blue Button开发挑战”的得奖人也浮出水面。

从参赛的18家公司中获得2500美元优胜奖励的是Adobe公司开发的名为“Blue Button健康助手”的软件。通过该软件，免疫、过敏、处方药名、家族健康记录等这些数据就会一目了然地呈现在用户眼前。必要时还可以将这些数据分享给医生和医疗机构，并与他们进行交流（图5-6）。

用户还可以输入自己每天在家中测量的关于健康管理的数据（体温、血压、心率等），加上以往的病历和治疗记录，该软件都可以对其进行管理。也就是说，只要一键就可以完成健康数据管

```
-------------------------- VA APPOINTMENTS -----------------------

Source: VA
Last Updated: 02 Dec 2011 @ 0706

VA Past Appointments are limited to two years from the date of your
download request.

FUTURE APPOINTMENTS:
--------------------
Date/Time:       13 Oct 2012 @ 1100
Location:        DAYT29 TEST LAB
Status:          NOT APPLICABLE
Clinic:          C&P CHRISTIE
Phone Number:    3929
Type:            Compensation and Pension Appointment

PAST APPOINTMENTS:
--------------------
Date/Time:       13 Oct 2011 @ 1600
Location:        DAYT29 TEST LAB
Status:          NOT APPLICABLE
Clinic:          C&P CHRISTIE
Phone Number:    3929
Type:            Compensation and Pension Appointment

Date/Time:       07 Sep 2011 @ 1100
Location:        DAYT29 TEST LAB
Status:          NOT APPLICABLE
Clinic:          TELEPHONE CALLS/GERIATRICS
Phone Number:    3742

------------------------- VA MEDICATION HISTORY ---------------------

Source: VA
Last Updated: 11 Apr 2011 @ 1737

VA Medication History includes up to two years of medication history
unless you select a different date range in your download request.

Medication: AMLODIPINE BESYLATE 10MG TAB
Instructions: TAKE ONE TABLET BY MOUTH TAKE ONE-HALF TABLET FOR 1 DAY --AVOID
GRAPEFRUIT JUICE--
Status: Active
Refills Remaining: 3
Last Filled On: 20 Aug 2010
Initially Ordered On: 13 Aug 2010
Quantity: 45
Days Supply: 90
Pharmacy: DAYTON
Prescription Number: 2718953

Medication: IBUPROFEN 600MG TAB
Instructions: TAKE ONE TABLET BY MOUTH FOUR TIMES A DAY WITH FOOD AS NEEDED
Status: Active
Refills Remaining: 3
Last Filled On: 20 Aug 2010
Initially Ordered On: 01 Jul 2010
Quantity: 240
Days Supply: 60
Pharmacy: DAYTON
Prescription Number: 2718960
```

出处）http://www.va.gov/BLUEBUTTON/docs/VA_My_HealtheVet_Blue_Button_Sample_Version_12_All_Data.txt

▲图5–5　通过Blue Button可以下载的数据样本（文本文件）

除了可以浏览免疫、过敏、处方药名、家族健康记录等数据以外，
还可以将这些信息分享给医生和医疗机构等

出处）https://my.adobeconnect.com/vabluebutton

▲图5–6　Adobe公司的“Blue Button健康助手”

理。如果用户因搬家而不得不更改就诊的医院时，只要使用该软件将数据分享给新医院，医生就会掌握用户的状态对其进行诊疗了。

再为大家介绍一个大赛，那就是在2012年6—9月期间开展的“Blue Button Mashup大赛”。该大赛的赞助方为美国劳动社会保障部所设置的ONC——关于医疗IT的联络调整室，如“Mashup（组合）”的名字所示，该大赛是征集根据个人医疗信息与其他两

个以上的数据进行组合，从而把握用户现在的健康状态，为用户选择更好的治疗方法、削减医疗费的软件。

应征的软件会被从“是否是以患者为中心的设计”“是否具有普及性”等角度进行审查。最后获得优胜奖金45000美元的是总部设于加利福尼亚州圣迭戈市的手机技术公司Humetrix所开发的名为“iBlue Button”的手机软件（图5-7）。

在该软件中输入处方药的名字，就会自动搜索关于该药品的信

医生与患者之间可以轻松地交换病历、检查结果、现在所服用的药品，以及扫描图像等数据

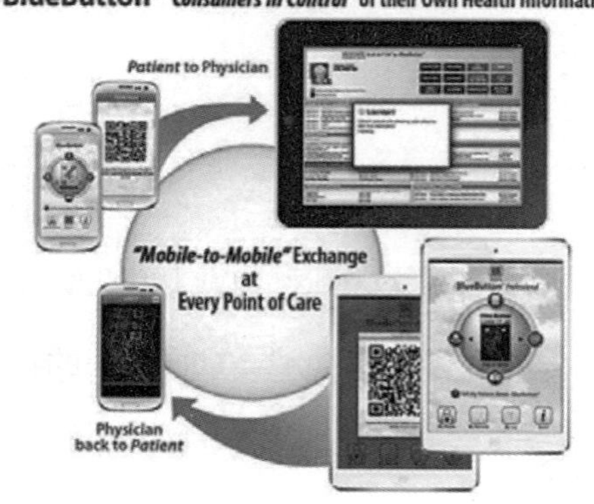

出处）http://www.humetrix.com/ibb.html

▲图5–7　Humetrix公司开发的“iBlue Button”的图示

息，还会显示它的副作用等内容。另外，通过Blue Button下载的数据还可以安全地从自己手机的终端发送到医生的手机终端，还可以读取CT扫描片等画像。即使是第一次就诊的医院，用户只要利用该软件将自己的数据从手机终端传送到医生的iPad等终端就可以轻松地就诊了。这不仅会提高诊疗的效率，还会减少医疗费用的浪费。

该大赛举办的目的，除了能够让用户有效地利用所下载的数据、促进Blue Button的利用率以外，还希望促进软件开发商的成长。

通过这样的软件，Blue Button的效果切实地渗透到了美国的社会中。2013年6月，在华盛顿召开的“健康隐私峰会”中，美国联邦政府的CTO（Chief Technology Officer）的Todd Par表明，已经有8800万以上的美国人使用Blue Button接触着自己的医疗数据。这个数字还在不断地增加，2014年2月已经达到了15000万。

Green Button Initiative（绿色按钮方案）

Green Button Initiative可以让电力公司的客户在电力网站上安全且简单地下载关于自己能源消费的数据。2011年9月，美国政府首席技术官安尼什乔普拉以强化消费者权限为目的，与电力界研讨开发了Green Button的项目。2012年1月，以加利福尼亚州的三大能源公司中的两个公司Pacific Gas与Sandiego Gas的加入为开端，扩展到全美国的能源公司，现在已经约有50家公司参加了该项目。

出处）https://www.data.gov/energy/page/welcome-green-button

▲图5–8　Green Button

只要访问签约的能源公司网站、输入ID和密码后，点击网站上的绿色“Green Button”按钮（图5-8）就可以下载数据了。下载的数据中包含过去13个月内所使用的能源及费用。

2011年秋天，北美能源规格委员会（NAESB）规定了数据的形式，使其标准化。消费者可以轻松地用电脑浏览这些数据。该标准化分为“XML形式”和“能源公司在消费者同意的情况下自动将数据发送给第三方的形式”两部分。

通过Green Button，消费者可以自由地下载自己的数据，不仅限于使用智能电表（作者注：与以往的指针式电表不同，是以电子式测量的具有通信功能的电表）的用户，使用指针式电表的用户也可以使用。只是智能电表会每隔15分钟或30分钟就会出现详细的数据，而传统电表只能显示一个月的数据。

生态系统的扩大

通过数据形式标准化，Green Button与Blue Button一样为了灵活运用下载的数据，兴起了第三方供应商开发应用软件的热潮。

例如，管理每个月的能源消费量、提出节能建议、推荐最合适的太阳能板的软件。美国能源部所管辖的关于收集能源方面的信息网站“OpenEI（Open Energy Information）”中公布了以Green Button为应用前提的60多个软件（图5-9）。

其中一个被公布的名为“PlotWatt”的软件会将用户家中每天的电费总额相加，然后显示出每个电器所消耗的费用（图5-10）。

还可以一目了然地看到每个月的电费和每个星期的电费，并且可以将这些数据与相同区域内房屋大小相同的家庭的电费用量进行比较。例如，如果自己家是100m^{2}的独门独院，与同样住在100m^{2}的家庭进行比较，会得知自己家的电费非常高（图5-11）。

同时，根据电费的分析结果，还可以收到具体的节电建议（图5-11的下部）。图中例子所示，该用户会受到这样的建议：“最近几日有连续24小时通电的电器存在。这样下去，每个月会多出15美元的电费”，“如果改变温度自动调节器1度的温度，那么明天就

出处）http://en.openei.org/apps/?keyword=Green%20Button%20Apps

▲图5-9　OpenEI公开的以Green Button应用为前提的软件

会节约0.3美元。下个月的电费就会大约减少10美元”，等等。

面向Green Button开发的软件在应用的时候都需要输入Green Button数据。也就是要在自己签约的电力公司主页中的Green Button进行数据下载，将数据保存到自己的电脑之后才可以应用外部的软件。

而“Green Button Connect My Data”可以省去将数据保存到电

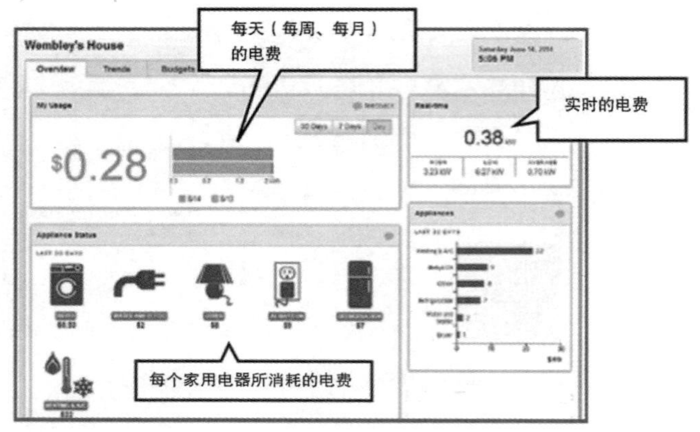

出处）https://plotwatt.com/houses/11 作者修改

▲图5–10 PlotWatt公司的Green Button用软件（1）

脑的这部分时间。实际上，Green Button分为“Green Button Download My Data”和“Green Button Connect My Data”两类。前者如上文所述，需要将数据下载到电脑之后再与外部软件连接。而后者则会自动将数据直接发给用户所设定的信任软件。也就是说，消费者自身有权决定将数据提供给谁。

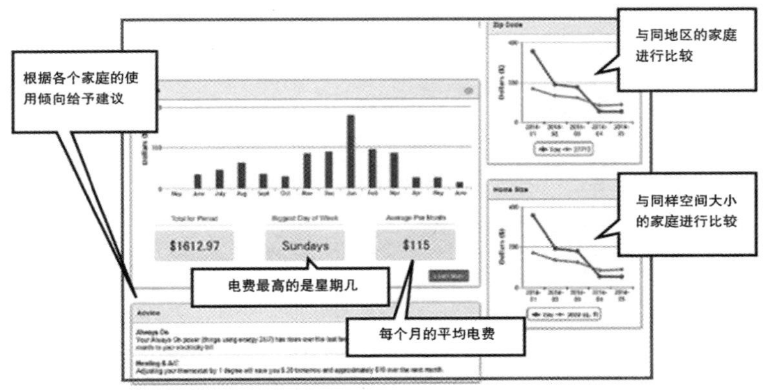

出处）https://plotwatt.com/houses/11

▲图5-11　PlotWatt公司的Green Button用软件（2）

如果消费者只想下载自己的数据，那么使用“Green Button Download My Data”就够了，而如果想与外部软件接续的话，使用“Green Button Connect My Data”更为便利。

My Data Initiative

通过My Data Initiative（作者注：与英国政府推行的Midata很像，但没有直接的关系），所有的学生（或者学生的家长）都可以轻松地将自己的成绩数据和与教育相关的数据下载到个人电脑中，形成“个人学习简介”。

“Green Button、Download MyData”和
“Green Button Connect My Data”两种

出处）http://www.sdge.com/green-button 作者修改

▲图5–12　圣迭戈天然气＆Electronic公司主页上的Green Button

出处 http://www.ed.gov/edblogs/technology/mydata/

▲图5–13　My Data

My Data模仿Blue Button与Green Button并由教育部于2012年1月创立。在下载数据的时候，和Blue Button与Green Button一样，点击学校或教育机构网站上的“My Data Button”就可以了（图5-13）。数据包括缺席记录、以往的成绩、考试结果，还有从联邦政府获得的援助（奖学金、补助金、助学贷款）等记录。

用户可以将下载的数据分享给提供有效工具和在线服务的第三方（企业），从而获得升学、奖学金申请、偿还助学贷款等方面的建议。而是否将数据供给第三方是由用户自身决定的，这点与Blue

Button、Green Button是完全相同的。

自己管理自己的教育关联数据对用户申请奖学金和转学时都有益处。以往我们需要去学校中管理数据的窗口申请成绩证明书等证明，而使用My Data可以省去这个程序，只要将自己所管理的电子文件上传到申请奖学金的网站便可以了。

如何平衡消费者与企业的权利

只要我们细想一下就会发现，现在消费者与企业之间是十分不平衡的。消费者在网络上的行动记录、鼠标点击过的地方会被记录，在店铺中的购买记录会与POS系统联动，什么时候在哪买了什么东西，对于这些数据企业都会了如指掌。而且，消费者无法知道企业是如何收集自己的这些数据的。

那么最适当的平衡状态应该是什么样子的呢？如果企业跟踪消费者的行动，将这些行动以数据的方式记录，那么就应该让消费者以简便的形式接触到这些数据，并且能够立即下载到个人电脑中。

这对于收集个人数据的企业来说，以这种方式将数据还原给消费者，应该并不困难。

英国的My Data、美国的Smart Disclosure都是将个人与企业间原本即将崩坏的关系恢复到了正常的状态。

本章小结

- 企业过度收集个人数据的结果导致企业手中的数据要比消费者自身所持有的数据更多，有时消费者可能还会因此受到侵害，我们称这种状态为“信息的非对称性”。
- 很多年前开始，欧美就为了平衡企业与消费者之间的关系推行了以政府为主导的“消费者授权政策”。
- 消费者授权政策的代表例子为英国政府推行的“Mi Data”和美国政府推行的“Smart Disclosure”。
- 通过这些政策，消费者可以下载自身的金融交易数据、能源数据、医疗数据、教育数据等。
- 为了使消费者能够灵活地运用这些下载下来的数据，一度兴起了软件开发的热潮。
- 消费者可以自己决定将这些下载下来的数据提供给谁。

第6章

基于数据分析为用户提供生活习惯指导：即将到来的新兴产业

什么是QS？

上文中我们介绍了一些企业将所收集的个人信息返还给个人，并由个人掌控的例子。但是也有一些相反的想法出现，他们认为关于自身的数据最初就应该由个人收集管理，并且只应该将这些数据分享给能够提供灵活运用数据方法的第三方。本章所要介绍的“Quantified Self：自身的定量化（数值化）”就体现了这种新动向。

出处）http://nike.jp/nikebiz/news/other_120120.html

▲图6–1　Nike+FuelBand 将其戴在手腕上就会显示出时间、卡路里、步数、活动量这四项信息

所谓Quantified Self（以下简称QS），就是通过灵活运用智能可穿戴设备的小插件，收集与自己的活动和状态相关的定量数据，从而重新审视自己的生活习惯。简单地说，就是通过数据掌握自己的所有方面，不足的地方进行改善，好的地方继续发扬。

例如，收集健康体检中所检测到的心率、血压、睡眠、活动量等数据，进行健康管理。

实现QS的小插件中，最有名的恐怕要数运动品牌Nike开发的"Nike+FuelBand"（译者注：智能健身腕带）（图6-1）了。

Nike公司对Nike+FuelBand是这样介绍的：

"根据人体工学设计优良的Nike+FuelBand可以用作加速度计。LED点阵会根据手腕的活动提供不同活动的信息。可以提供时间、卡路里、步数和活动量这四项信息，根据性别和体型不同，所测量的卡路里也不同，NikeFuelBand会根据活动量等给用户积分。

用户可以设定当天的活动目标和想要获得的NikeFuelBand计分数。Nike+FuelBand拥有20个LED灯，当用户接近目标完成时，显示灯就会从红色变向绿色。FuelBand的内置USB或蓝牙可以使iPhone软件与Nike+FuelBand进行连接，记录每天的活动。"

简单地说，就是手环变成了传感器，它可以记录人们的活动时间、活动量、所燃烧的卡路里和步数等信息。通过FuelBand内置的

USB或蓝牙可以免费使用iPhone手机软件，与Nike的网站进行无线连接，记录每天的活动量。所记录的活动量数据在软件中会以表格的形式显示出来，如果用户将该软件与Facebook连接的话，便可以与其他使用FuelBand的朋友进行比较。

“Quantified Self”是美国WIRED杂志社的编辑盖瑞·沃尔夫和凯文·凯利于2007年提出的。2010年6月，在法国戛纳举行的“TED”会议中盖瑞·沃尔夫关于QS进行了演讲，感兴趣的朋友可以在互联网上观看当时的录像。

支持QS的智能穿戴设备与手机软件

QS这场盛大运动的原动力在于，能够与智能手机连接的穿戴设备和包含游戏要素的手机软件的出现。

在美国除了Nike+FuelBand之外，还有许多支持QS的可穿戴设备。比较有名的有“Fitbit（无线活动量和睡眠计量器）”“Jawbone UP（活动计量器、睡眠计量器、饮食内容记录）” “Withings（可

该叉子可以计量叉子运送到嘴里的速度和一分钟内叉子放进嘴里的数量，以及吃饭所用的时间

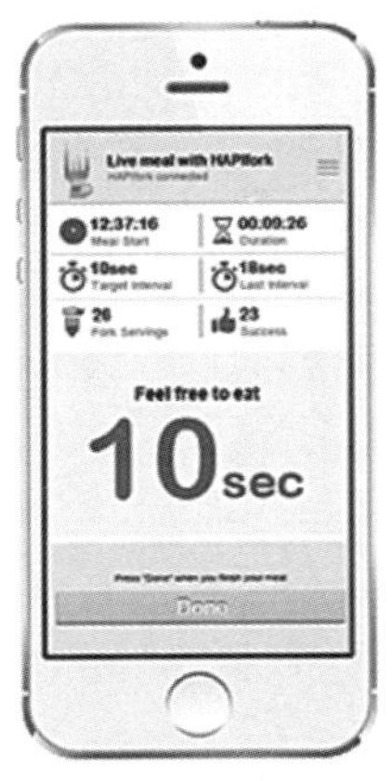

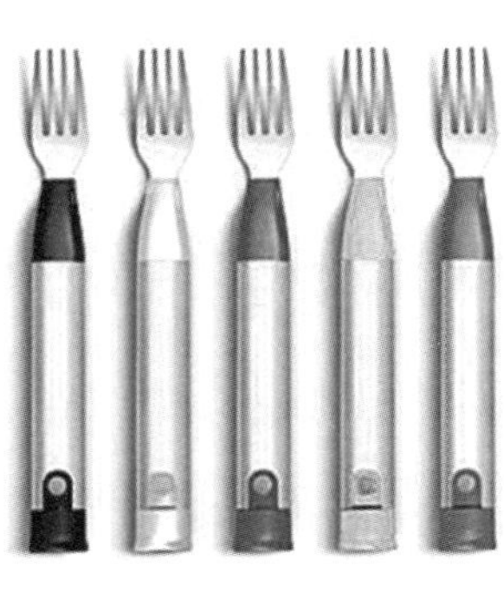

出处）https://www.hapi.com/product/hapifork

▲图6–2　内置传感器的叉子——“HAPIfork”

连接无线网络的体重器）”“Zeo（睡眠计量器）”，等等。这些工具不仅可以记录血压、心率等单纯的数据，还可以记录饮食方面的各种数据。

有的设备，如内置传感器的叉子——“HAPIfork”。该叉子可以计量叉子运送到嘴里的速度和一分钟内叉子放进嘴里的数量，以及吃饭所用的时间（图6-2）。HAPIfork的售价为99美元，如果叉子运送到嘴里的速度过快，那么LED灯就会出现提示。收集的数据会通过USB或蓝牙传送到电脑和智能手机中，可以由专门的控制板或手机软件对数据进行管理。

一般情况下，饮食速度过快、食量过大可能会造成消化不良或胃液逆流。HAPIfork根据所收集的数据会为改善用户的饮食习惯而设定为期21天的训练计划。

这些工具/服务都会直接或间接地与互联网连接，为每个用户设置登录界面，从而使人们继续管理自己的数据，改善生活方式。

越来越发达的QS世界

如今，QS经常被归类到测量血压、心率、活动量和睡眠度等健康机器的领域，但是如果从定量观测自己的行动和状态的新角度来看，它的领域就更为宽广了。

例如，可以定量观测自己的购买记录。只要将购物小票用智能手机拍摄下来就可以对支出进行管理的“购物小票支出软件”也应该属于QS。日本已经发行了许多这样的手机软件，其中具有代表性的便是名为“Zaimu”的软件，它会将读取的数据自动归类到“饮食费”“通信费”“交通费”等范围。“什么东西最费钱？”“花费是否在预算以内？”等问题都变得可视化，因此人们的节约意识也会得到一定的提高。另外，如果输入“居住区域、家庭构成、职业、性别、出生年月日”这些信息，还会出现与自己相似的用户的支出内容，从而与自己进行比较。

另外，在汽车运行时的运行倾向的定量观测也属于QS。例如，可以免费掌握运动倾向的人气手机软件，三井住友海上火灾保险的“智能保险”、索尼保险的“驾驶导航”和日本保险日本兴亚的“安全行车助手”（图6-3）等日本国内大型保险公司发行的

“安全驾驶诊断手机软件”。

这些软件与智能手机的控制板连接，利用智能手机内置的加速度传感器和GPS，根据行驶中感知的晃动和位置信息、前方画面的解析，可以检测到速度、急加速、急刹车、急转弯、车距、转弯的安定性等数据，从而实行安全行驶诊断。三井住友海上火灾保险提供的“智能保险”就可以根据急加速、急刹车的数量进行行驶功能的诊断。

在接近前方车辆时会对司机进行提醒，
记录行驶记录、路线等信息

出处）https://play.google.com/store/apps/details?id=jp.co.sompo_japan.safetysight

▲图6-3　日本保险日本兴亚的“安全行车助手”

QS都有什么服务?

如果个人测量的自身健康数据（血压、心率、体重、睡眠等）的变化和运动记录归自身所管理，那么将数据提供给谁都会由自身掌控。专家也可以根据这些数据为个人提供适当的建议。

例如，如果患者在去医院的时候将自己的健康数据拿给医生看，那么便会大大提高诊查的效率，提高医疗的品质。

美国还出现了许多划时代的服务，下面就为大家介绍一下其中的几项服务。

1. Ovuline

“Ovuline”是由哈佛大学的科学家和治疗不孕不育的专家所开发的，是利用数据帮助早期不孕患者的服务。将女性基础体温的变化，血压、睡眠时间、体重的变化，生理状况、性交日、子宫颈管黏液等数据记录下来，根据机械学习技术和独自的算法预测出排卵日，从而告诉用户最易怀孕的日期（图6-4）。

据该公司介绍，利用该服务软件的用户怀孕速度要比美国平均怀孕速度快三倍，至今该软件已经帮助了100多万女性。

输入体温、血压、体重、生理期等数据，就会显示出最易受孕的日期

出处）http://www.ovuline.com/ovia-fertility#features　作者修改

▲图6–4　利用数据帮助早期不孕患者

输入生理日和性交日这些必要的数据，对于女性来说极其隐私的信息，她们也许很抵触。但是，对于不孕患者的女性来说，该软件的好处远大于这些弊端，所以有100多万女性在使用该软件。

2. PatientsLikeMe

PatientsLikeMe是可以使患者之间交换信息的SNS。这与以往单单公开自己日记与照片的SNS不同，病人可以输入关于自己健康状态的数据和治疗内容、症状等。关于健康状态的数据不仅仅是体重、血压等简单的数据，还包括血液检查和蛋白质等数据，以及医院的检查结果。而且这些数据的掌控权都归个人。

如果用户将网站上这些积累的数据灵活地运用于自身的健康管理，可以与同样疾病的患者进行比较、交换信息。例如，如果搜索“多发性硬化症的30～50岁男性，服用维生素D会出现腹痛症状的人”，对符合该症状的人进行确认后，可以给他发送信息、关注他，与其进行一系列的交流（图6-5）。

也就是说，PatientsLikeMe就是根据定量的数据与那些和自己症状相近的人共享实际体验、交换信息的社交软件。该软件的开发者是一名女性与其最小的弟弟和麻省理工大学的同事一起开发的，该女性的弟弟因患有ALS疾病而去世。因此他们产生了创建这样一

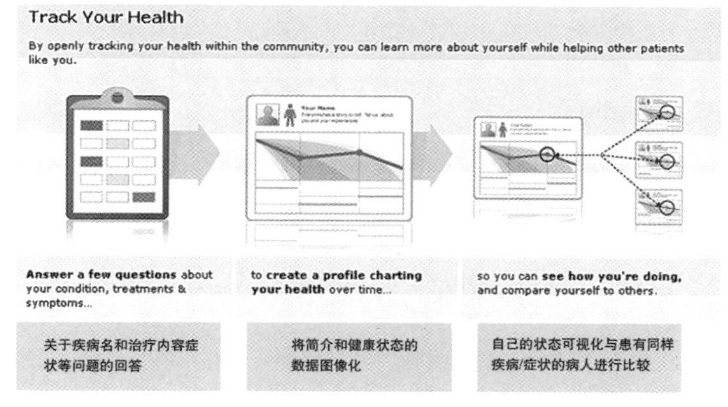

出处）https://www.patientslikeme.com/ 作者修改

▲图6–5　通过分享健康管理数据，可以与相同疾病的患者进行信息交换的PatientsLikeMe的使用界面

个软件的念头。

该软件的用户已经达到了30多万人，其中有17000多人将自己的信息公开。同时，网站上储存的大量数据对于医疗关系者来说是非常有价值的“病症数据库”。但只有医生和研究机构的研究人员才有权利用这些数据。

3. 23andMe

23andMe可以被称为终极个人信息的服务软件。它为个人提供遗传因子的分析服务。该公司于2006年由Google的参与创立者谢尔盖·米克哈伊洛维奇·布林的妻子安妮·沃西基创立。

该软件的使用方法非常简单。在该公司的网站上按下“Order now”（译者注：即订购）的按钮，输入住址、姓名、邮箱地址、电话号码等必要的信息就完成了申请，在1～2个工作日以内你就会收到遗传因子检查用的“DNA套装”。在收到DNA套装之后，根据说明书将自己的唾液样本放入唾液采集容器中，寄给23andMe。

4～6个星期后便可以在网站上确认解析的结果了（图6-6）。

但是23andMe并不是针对遗传信息的所有对象提供服务，只会对一部分形成特定健康上的风险和身体特征的遗传因子进行分析。

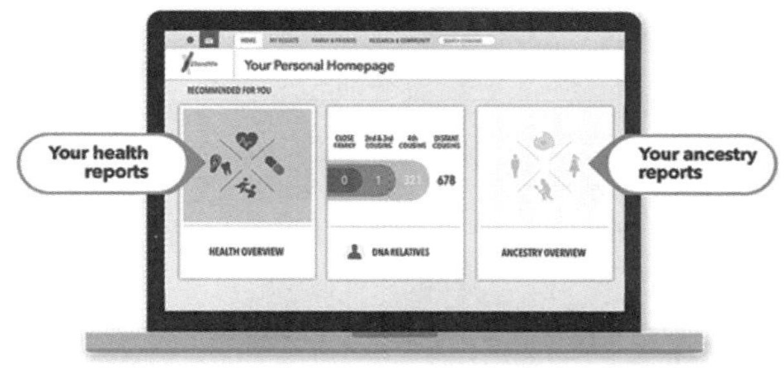

出处）https://www.23andme.com/howitworks/

▲图6–6　可以确认遗传因子分析结果的个人用主页

▼表6–1 遗传因子的解析结果、23andMe所提供的健康诊断书的内容

遗传因子解析的结果表明的内容	项目数	具体的项目
遗传因子上的病原体等保持倾向	50	布鲁姆综合征、末梢神经障碍、胼胝体缺损症、家族性胰岛素血症囊胞性纤维症、发热病、卡纳万病、家族性自律神经失调症、萨拉病、β地中海贫血
对药物的反应	24	阿巴卡韦过敏反应、酒精消费量、吸烟与食道癌的风险、C型肝炎治疗的副作用、抗抑郁剂、口服避孕药
（遗传）性状	60	出生时的体重、耳垢的种类、瞳孔的颜色、身高、头发颜色、胖瘦、血糖、胆固醇值、肌肉、吸烟习惯、阅读理解、抗病毒性、寿命等
（遗传）性状	120	就行依赖症、圆形脱发症、阿尔茨海默症、哮喘、过敏性皮炎、痛风、高血压、乳腺癌、大肠癌、胃癌、胆结石、偏头痛、过度肥胖、关节炎、尼古丁依赖症、男性不育症等

从2006年服务开始后，检查费用已经从1000美元降低到了现在的99美元，成为一项比较平民化的服务。当初的解析结果只有14项，而截至2013年10月，已经增加到了约250项（表6-1）（作者注：美国食品医疗药品局（FDA）在2013年11月22日，因23andM存在诊断准确度的问题，命令其停止该项服务。该公司在接受该命令后从2013年11月23日开始停止对用户进行健康风险分析，但仍为用户提供遗传因子分析和关于祖先分析的服务。该稿的信息是基于2013年11月21日以前的信息所执笔的）。

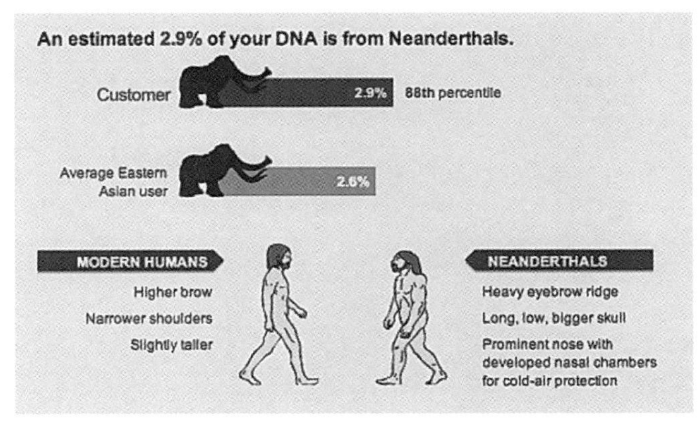

出处）https://www.23andme.com/ancestry/

▲图6-7　自己的DNA是与尼安德特人相近还是与现代人相近

判断的内容包括“耳垢的形态（潮湿/干燥）”“是否适合饮酒”“寿命”“男性不育症”和各种癌症等非常隐私的信息。

通过23andMe还可以追寻到自己先祖的起源（东亚系还是欧洲系等）。同一民族构成的日本人可能对此并不感兴趣，但对于欧洲人来说，自己属于斯堪的纳维亚系还是意大利系这个信息非常有意义（图6-7）。

选择分析结果是否公开

23andMe的服务中还有一点值得关注，那便是遗传因子解析结果的公开与否由用户自己选择。用户在收到解析结果后有权选择将结果公开或不公开。如果选择“公开”，那么这些信息将由该公司所运营的数据库所保管。

一般选择公开的用户有两个目的。一个是积极地将自己的DNA信息公开在社交网站上与其他用户进行连接。例如，寻找与自己拥有共同“曾曾曾曾祖母”的人。

另一个是通过将解析结果分享给研究机构，对遗传学的研究做一些贡献。2015年1月，约有85万人使用该公司的服务，承诺公开解析结果的用户不仅要公开结果，还需要在线回答一些关于身体方面的调查。该公司根据用户的遗传因子解析信息和调查回答，建成了世界最大规模的遗传因子数据库。除了医生和科学家等研究者可以使用该数据库以外，2012年9月API开始向外部开发者公开，被赋予权限的开发者也可以使用该数据库。

因为遗传因子信息是非常私密的信息，一般都会认为用户会很抵抗公开这些信息，然而据该公司统计，有80%的用户都选择了公

▼表6-2　国内的主要遗传因子检查服务的概要和选择是否向遗传信息的研究机关提供数据（2014年11月）

企业名	开始时间	费　　用	检查项目数量	向第三者提供的选择权
Genequest	2014年1月	49,800日元	约200	有
EverGene	2014年4月	9,800日元/19,800日元	15/26	无
DeNA	2014年8月	9,800日元/19,800日元/29,800日元	30/100/280	有
Fancl	2014年11月	14,800日元/29,800日元	4～8	无
Yahoo	2014年11月	49,800日元	290	有

开数据。这不仅对个人有益处，对将来的遗传学发展也有着不小的贡献。

DeNA和Yahoo等企业也提供国内的遗传因子检查服务。而Yahoo等在当初是以研究目的要求用户必须将遗传因子的信息提供给第三方。但是，因DeNA可以让用户选择是否提供给第三方，后来Yahoo也改变方针，将选择权交给了用户（表6-2）。但是EverGene和Fancl依旧要求用户必须将数据提供给第三方（2014年11

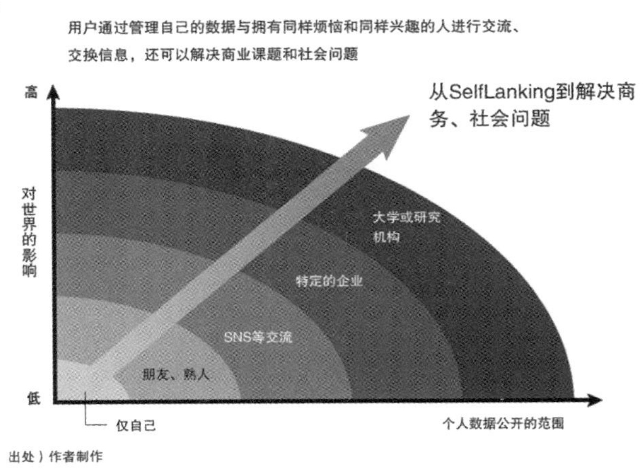

▲图6–8　Quantified Self的发展方向

月）。从个人掌握数据的角度来看，就算对方是研究机构，选择权也应该属于用户。

QS如其名，自己测量的血压、体温、体重、活动量，以及唾液等数据由自己进行记录。附属备件和手机软件可以将数据可视化，从而使用户重新审视自己的生活习惯。

下个阶段QS还计划可以将用户个人的数据向亲友公开，这样可以增加每天运动的积极性，还可以与怀有同样烦恼的朋友进行交流和信息交换。而且还可以向对自己有益的，或者可以为自己提出建议的企业公开这些数据。为解决社会问题，还可以向大学或研究机构提供这些数据（图6-8）。

但是，无论将自己的数据提供给谁，向谁公开，都是由消费者自身决定的。

QS在商业方面的应用

一般情况下，QS利用可穿戴设备可以使用户记录和管理自己每天的活动量、睡眠时间、血压、血糖值等数据，从而使自己的运动和饮食生活更加健康。

另外，通过个人从QS得到正确、详细的数据从而应用于商业活动的趋势也愈发明显。

1. 财产保险公司

欧美的财产（汽车）保险公司基于QS的概念，开始根据契约者的形式特征实行减少保险费用的联动型保险（PHYD）。

1998年PHYD开始出现，PHYD的先驱是美国的汽车保险公司“Progressive”（译者注：前进汽车保险公司），该公司会收集契约者的行驶频率、速度、行驶距离、行驶时间带、急刹车的频率等关于行驶方面的数据。契约者在允许该公司收集这些数据后，如果根据数据分析结果被认为是事故低风险率的驾驶员，便会在保险费用上受到优待。从契约者的角度来看，也就是行驶记录等个人数据可以换来保险公司在保险费用上的优惠。

因为从行驶频率和行驶时间带这些数据上可以推测出车主在家的频率和时间带，所以当时也有不少人对此感到不满，认为这是保险公司对契约者的一种“监视”。但是，如今已经有100多万人与该保险公司签约。这说明，只要有明确的诱因如“降低保险费用”，那么就会有人主动提供出个人数据。

在日本，索尼保险于2015年2月中旬开始对那些急加速和急刹车频率低的驾驶员进行现金退款。该保险公司根据免费提供的特制小型计测器对加速、减速的发生状况进行测录，从而将结果反映到保险费用中。为了获得退款，要将这个小型计测器安装在车内180天。契约者根据测量的结果最多可以减少20%的年度保险额。

索尼保险是只测录急加速和急刹车的发生状况，然后将结果反映到保险费用上，并没有像Progressive保险那样加入了行驶频率额和速度、行驶时间带等项目。但在不久的将来，索尼保险也许会向着Progressive的方向发展。

2. 医疗/生命保险公司

医疗保险和生命保险公司也许会根据智能穿戴设备所测量的契约者每天的运动量、摄入的卡路里、睡眠时间等数据，精密地设定保险费用。直截了当地说，拥有健康生活的契约者患病的概率较低，所以他们的保险金就会相对少一些。

据我所知，现今还没有保险公司根据这些数据而实行降低保险费用，但是一些公司已经在准备中了。法国的大型保险公司AXA就是如此。该公司会为1000名应征者免费发送Withings公司（译者注：威汀斯创意公司）制造的智能穿戴设备，该设备会记录用户的步数、心率、血液中的酸素浓度和睡眠周期。在一个月中，每天行走的步数超过7000步的用户会获得价值50欧元的医疗费用，超过10000步的用户会获得价值100欧元的医疗费用。

世界保健组织建议为了保持健康，每天要行走10000步以上。根据法国保险业界的调查，适度的运动可以减少25%的脑中风风险、34%的糖尿病风险和16%～39%的乳癌风险。AXA通过减少保险支付费用，刺激契约者每天行走10000步以上。

另外，还有一些企业与一般的企业不同，他们将智能穿戴设备发给员工，根据他们每天的运动量给予一定的奖励，从而向保险公司申请降低团体保险金。Appirio公司（译者注：安普利欧咨询公司）就是如此。它是开发云储存相关的手机软件并提供咨询服务的公司。该公司于2013年6月与Anthem保险公司（译者注：美国500强公司）签订契约，开始了使用智能穿戴设备的手环项目（CloudFit）。在约1000名全体从业人员中为200名志愿者配发智能穿戴设备“Jawbone UP”（译者注：智能手环），然后又与专门面向法人的健身公司Spire Wellness（译者注：音译尖塔健康）签订契约，与健身教练进行实时对讲，接受教练的建议等。同时还设置了可以让员工之间交流信息、切磋探讨的公司内SNS用户群，这里集中了每个人的数据，可以相互进行一系列的比较。

该公司说：“公司不想因免费提供穿戴设备就监视员工的活动”。因此，数据是否向用户群公开都是由员工个人决定的。

据该公司透露，公开行走步数的用户很多，但公开睡眠数据的用户却不太多。

使用者已经从当初的200人增加到了现在的400人，其中有100人向用户群公开了数据。该公司用所储存的数据在一年以后与保险公司进行交涉，成功地减少了5%的保险费用，也就是28万美元。

在美国，通过《医疗保险制度改革法》的实行引入健康项目，促进员工身体健康的企业会得到一定的奖金。在Appirio公司成功地削减了保险成本之后，有更多的公司开始实行相同的项目了。

在日本，也有许多如专门为企业提供健康管理服务——“我的健康记录”的Konamisports（译者注：科乐美体育）公司存在。“我的健康记录”是用Konamisports公司特制的计步器记录每天的运动量和所消耗的卡路里等，然后在互联网上管理这些数据，进行步数排名等活动激发员工保持健康。

虽然向员工提供健康与保险的组合会间接地削减医疗费用，但是这与保险费率却没有直接的关系。因为无法证明“一天行走多少步就会降低生病的概率”。因此，为了反映实际的保险费率，需要相关部门进行必要的规制缓和。

政府提倡，在获得本人允许的前提下，所收集的运动数据和与健康相关的信息如果能够用科学的方法分析证明，那么便可以反映到将来的保险费率上。根据这种想法，我们预计，大企业为增强员工的体质，在健康与保险相组合的背景下，还会继续增加免费为员工配备智能穿戴设备的活动。

另外，像Appirio所担心的那样，公司通过QS所产生的“强制性”让人有所畏惧。有些公司不仅仅给那些有参加意愿的员工配备智能可穿戴设备，对没有参加活动意愿的员工也配备这种设备，为减少公司的医疗费和保险费用强制他们每天进行运动。有些公司甚至对员工说出“因不运动而高出的医疗费将在工资中扣除”这样的话。这种企业简直是本末倒置。

3. 消费品制造商

近些年，为了更深刻地理解消费者的行动，兴起了一种名为

“Ethnography”的调查方法。Ethnography是“民俗”的意思，原本是在调查未开化民族时的用语和调查方法。具体方法是，在该民族地区长期停留，通过实地对当地人民的行为方式进行调查和记录，从而进一步理解该民族的文化与价值观。

在营销和新产品的开发中，Ethnography与用调查问卷统计消费者需求的定量分析不同。Ethnography是通过对消费者所生活的环境、使用商品的环境进行观察，获取消费者活动的流程，掌握该消费者行动的理由、背景和所处的环境、文化等，从而洞察消费者的需求，可以说，这是一种定性的分析方式。

最近，问卷调查和视频采访等原始的调查方法已经体现出了局限性。问卷调查对验证已经出现的或者假设的命题比较有效果，而对于挖掘潜在的需求却没有明显的作用。另外，回答内容和实际行动不一致的现象也多有出现。

而对于视频采访，虽然有可能会从中提炼出一定的消费者需求，但是也有可能会出现因与对方谈话而偏离自己意愿的现象。另外，视频采访还缺少一定的实时性。

而Ethnography会打破这些方法的局限性，提取出消费者无意识中潜在的消费需求。

通常在进行Ethnography调查时，被称为“Ethnographer”的专家会加入调查对象的行列来进行观察和采访。但是QS很有可能大大地改变Ethnography调查。通过传感器和智能可穿戴设备，可以正确地捕捉到消费者的行动和产品被使用的方式，这对于那些消费品制造商来说，是极具价值的营销数据。

近几年，运动用品制造商耐克积极展开了在跑鞋和篮球鞋中放入传感器，记录跑步路线和距离的“Nike+”系列。耐克通过该系列产品可以掌握不同年龄、性别、体重的用户是如何使用该产品的，还可以获取用户脚部的尺寸和足型等数据。

耐克将这些数据分享给“MyFitnessPal”（译者注：管理卡路里的手机软件）和“RunKeeper”（译者注：健身软件）等合作企业，与他们共同开发针对专业运动员的“Nike+Fuel Lab”项目。

打破市场常识的QS

QS带来的最大影响就是从消费者手中直接获取正确测量出的数据。前五章所叙述的中心是企业和团体从消费者手中收集数据，从而掌控数据，还有如何将这些数据返还到消费者手中。

而QS的数据最初都是在消费者手中的，而且这些数据要比任何方式所获得的数据都准确和详细。因为这些数据都是为改善消费者自身生活方式而被收集的，如果出现了错误，感到困扰的是消费者自身。

如本章以上内容所述，对于消费者和企业团体双方来说，这些数据的价值都是非常高的。例如，如果消费者因突发疾病被送到医院，他每天的血压、心率、体重和运动量、睡眠时间及质量、饮食时间和饮食内容、摄入的卡路里等数据都被正确地记录下来的话，那么相比本人模糊的记忆来说，这些数据更能起到作用。最近，还出现了自动记录服药时间的药盒，使用该药盒会在一定程度上提高药品的疗效。对于为减肥而去健身馆的消费者来说，如果将这些数据提供给健身馆，也许会对减肥有更大的帮助。

QS不仅仅可以应用于健康领域，在日本，有一款名为“购物小票家庭收支簿”的手机软件，使用该软件，消费者仅通过智能手机对购物小票进行拍摄，就可以管理家庭收支。如果企业获取了这些数据，那么不仅会了解到消费者在本公司的购买记录，还会掌握消费者在其他公司的购买记录等支出概况。这是BtoC（译者注：Business-to-Customer的缩写，简称“商对客”）企业求之不得的数据。

“价值交换”的必要性

但是，由于企业单方面地吸取数据，消费者已经产生了反感，因此消费者是不会轻易将自身数据放手于QS中的。而企业为了获得这些数据必须进行“价值交换”。积分或优惠券、免费服务等就是价值交换的例子。但是从QS获得的数据价值来看，这些方式是远远不够的。

例如，美国佛罗里达州奥兰多的迪士尼乐园于2013年1月开始阶段性地导入为新顾客提供的服务——“MyMagic+”。该服务是为顾客发送带有IC芯片的“Magic Band”（魔力手环）（图6-9），来为每名顾客提供符合爱好的服务并为交换而获取顾客的个人数据。

通过Magic Band的使用，可以收集到如下关于顾客的信息。

◎入园前（从网站中获取的信息）

- **姓名**
- **生日**
- **喜欢的动画片人物**

- 想看哪场表演

◎入园后（从Magic Band获取的信息）

- 从商店购买的商品
- 观看了哪场表演
- 现在所在地的信息
- 等待表演所花费的时间
- 与哪个动画片人物握了手（米奇、米妮、维尼熊等）

用它可以代替门票并在迪士尼乐园内的商店进行支付，还可以用它开乐园内宾馆的房间。

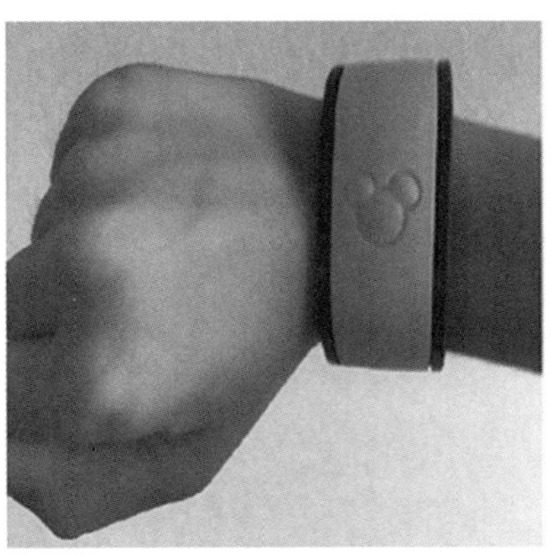

出处）作者在迪士尼乐园购买

▲图6-9　迪士尼乐园开展的“Magic Band”

顾客在被收集这些数据的同时，会获得以下好处：

● 喜欢的动画片人物会喊着你的名字与你打招呼（例如，“某某，生日快乐！”等）。

● 在家中就可以提前预约去看演出的巴士。

● 可以预约表演和游行的观赏地点。

● 到预约的时间会收到通知，并且可以通过智能手机随时更改预约时间。

从迪士尼乐园的角度看，通过Magic Band可以掌握不同年龄和性别所喜欢的演出、人物和餐厅、商品等，还可以掌握园内顾客的动向和等待的时间。

该项服务出台以后，迪士尼的主页上关于收集数据的种类、收集目的、Optout的方法、是否向第三方提供、Magic Band的构成等问题都有着详细的解答。并不是强制顾客参加该项目，如果顾客在阅读了说明之后同意“价值交换”，那么便可以参加。

另外，如果食品制造商想要获取关于消费者每天饮食内容的数据，不能单单地发送优惠券，要与菜谱网站和健身馆合作，推荐个性化的减肥食谱和健身食谱。另外，还可以与医疗机构联合，根据消费者的血压、体重、运动量、睡眠时间等数据，向他们推荐健康的饮食生活习惯。

消费者的信赖与否是企业差别化的重要因素

在公民自身收集、管理、分析自己数据的QS时代，企业与消费者的立场发生了一百八十度逆转。如果企业想要获取消费者的个人数据，那么必须征得本人的同意。

消费者是否同意，这不仅取决于企业是否提供给消费者简单易懂的好处，最关键的一点还是在于消费者是否信任该企业。单单认为“只要不触犯‘个人信息保护法’就没问题”的企业是不会成功的。对于根据个人数据而进行商务活动的企业来说，不触犯法律是最基本最必要的条件，而不是最高的条件。企业不仅要保持不触犯法律，还要尊重消费者的隐私，对消费者表现出最大的敬意。

至今为止，许多企业都认为“所收集的个人信息是属于企业自身的”。

但是，时代在变迁，消费者和企业的立场也在发生着变化。消费者有权收集、管理、掌控自己的信息。因此，能否获得消费者信赖是企业差别化的重要因素。只有获得消费者信赖的企业才会从消费者手中获取准确而详细的数据。

本章小结

- 所谓QS，就是利用智能可穿戴设备收集和运用关于自身活动和状态的定量数据的概念。
- 已经有许多企业利用QS的概念开展服务项目。用户不仅可以收集、分析自己的数据，还可以在SNS上公开这些数据，可以向企业提供这些数据以获得好处。
- 财产保险（汽车）公司和医疗/生命保险公司、消费品制造商等都有可能受到QS的极大影响。
- 因为从QS获取的数据非常详细和准确，所以它的价值很高。而这些数据来源于消费者，企业必须拥有简单易懂的“价值交换”体系才能获得这些数据。
- 消费者与企业的立场已经发生逆转，消费者可以自己收集、管理、掌控自己的个人数据，而能否获得消费者的信赖成为企业差别化的重要因素。

第 7 章

有一天，你的个人数据可以当钱花……

用个人数据进行消费

“如果你不付钱，那么你就不是客人，你只会被当作商品出售。”

这是第3章开头所介绍的一句话，对于这句话的理解和解释可以升级为以下内容：

“如果你不付钱，那么作为交换，就请用你的个人数据进行支付。”

的确，我们在使用Facebook和Google的时候是免费的。但是，对于这种现象我们要改变意识了。也就是说，我们必须意识到我们在用属性数据和搜索记录、点击记录、视频观看记录等“个人数据”进行支付。他们将我们的数据变为定位广告，从而获得巨额的财富。

通用积分项目也是同样。消费者每购买100日元或200日元的商品就会得到一个积分。但是，积分并不是免费的，这都是用我们的基本信息和购买记录等个人数据换来的。参加积分计划的企业（加盟店），在从项目运营企业中获得消费者提供的个人数据之后，会支付给运营企业销售额的百分之几作为手续费。其实这成本都是来源于消费者的个人数据。

如果购买100日元或200日元会获得一个积分，一积分当一日元使用的话，你购买两万日元的商品就会获得相当于100日元的积分，如果你觉得这与自己的属性（住址、年龄、职业等）数据等价，那么便可以使用积分卡，而如果你觉得不等价，那么就可以不使用积分卡。尤其需要注意的是你将数据提供给了谁。因为获得你数据的很有可能不仅仅是你所购物的店铺，其他参加积分项目的企业也会得到你的数据。

欧盟的Cookie法规定必须征得消费者的同意

2012年5月开始实行的EU的“Cookie法”规定，在欧盟国的企业和团体所开设的网站中使用Cookie（作者注：是互联网广告公司安装在网站内用于追踪用户记录的文件夹。而Cookie中包含着识别网站的识别子）时，有义务从网站的访问者那里获得“明示的同意”。

现在，用户在打开某个新网站时，顶部基本都会弹出Cookie使用通知供用户选择（图7-1）。

虽然大部分用户都会选择“同意”，然后继续进行网页浏览，但为了那些想要详细了解Cookie使用内容的用户，网站会设置具体说明的页面。

Cookie法的对象不仅是商业网站，还涉及政府和公益法人等公共机构的网站。另外，Cookie不仅用于行动定位广告，还会用于维持编号等用途。EU之所以规定必须得到用户明确的同意，也意在想提高用户对保护个人数据的意识。

在连接到该网站的时候，网站的顶部会出现“如果您想继续使用该网站，就请同意cookie和隐私规则相关的条约”这样的提示

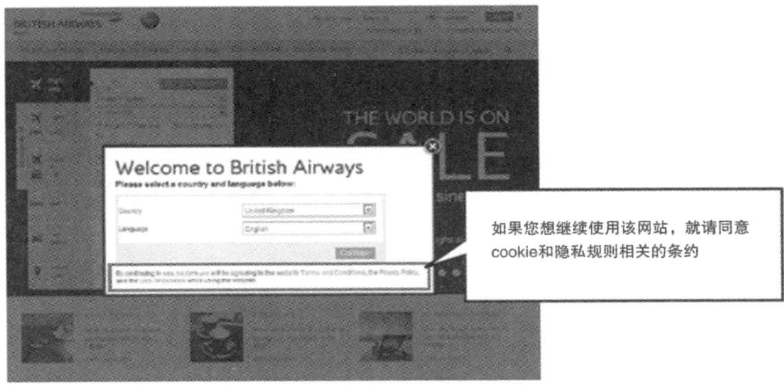

出处）http://www.britishairways.com/travel/home/public/en_gb　作者修改

▲图7–1　为响应“Cookie法”，英国航空公司的网站所作出的改变

可以用行动记录消费的平台

个人数据成为货币——这项服务，美国西雅图的新兴企业Enlkn（译者注：恩尔肯公司）于2012年12月便将它变成了现实，开始了名为“Datawall”（译者注：数据墙）的服务。该公司首先将销售文字内容的媒体企业定位为营销对象。所谓媒体企业，就是那些提供会员制媒体服务的报社或出版社。他们会制定“每月可以免费阅读一定数量的新闻，但是阅读在该数量以上的新闻就要收费”“最初一个月的内容可以免费阅读，以后每个月需要交××日元的费用”等服务。

通常，读者会使用信用卡或者PayPal进行支付，但对与Enlkn合作的媒体企业，可以用“自己的行动记录”进行支付。也就是消费者允许Enlkn在一定期间内追踪自己在Amazon、Yahoo、Google、Twitter、Yelp（作者注：世界最大的美食评论网站）等网站的行动记录，用这些记录支付阅读内容的费用。如果读者在各媒体的阅读申请页面选择“用数据支付”的话（图7-2），便会用个人数据记录支付购买费用。

该公司将众多读者的行动记录数据集中到一起，总结出“读者

出处）http://blog.enliken.com/post/37840836605/a-better-paywall-the-enliken-datawall

▲图7–2　可以用“行动记录进行支付”的美国Enlkn的“Datawall”

访问最频繁的网站是哪个？”“读者购买最频繁的品牌是什么？”然后将这些报告卖给那些媒体企业。

这样，媒体企业可以详细地掌握本公司的读者在其他网站对什么样的内容感兴趣，这对他们的内容开发有着很大的益处。另外，还可以更正确地寻找到广告对象。总的来说，企业很有可能因此增加广告收入。然而遗憾的是，现在该服务已经停止了，但是这种实现“个人数据成为货币”的做法是非常值得钦佩的。

基因分析费可以用自己的遗传信息支付?

在第6章中所介绍的Yahoo面向个人的遗传因子检查服务“HealthData Lab”于2014年11月开始正式开启，并在同年6月和8月进行了两次免费基因分析实验（每次5000人）募集。

应征者正为配合调查和研究必须同意以下两个事项：

- **遗传信息和Yahoo！JAPAN ID的属性信息绑定，允许用于研究活动；**
- **需要协助两年以上的健康调查（调查问卷等）。**

服务正式开始后的价格是49800日元，而应征者可以以“提供自己的遗传信息、Yahoo！JAPAN ID绑定后的属性信息和两年以上的健康调查”支付这将近50000日元的费用。

从Yahoo的立场来看，它需要负担10000人的基因分析费用，也就是约五亿日元。乍一看觉得这是个不小的数据，但实际上遗传信息的价值要远大于此。

第6章中介绍的遗传因子检查商业先驱23andMe，在2015年1月大型制药企业Roche的子公司进行了生物实验，与Genentech公司结成了6000万美元的巨额契约，将该公司积累了85万人的遗传信息中同意将数据以研究目的提供给第三方的3000名帕金森患者的遗传信息提供给了Genentech公司。简单计算一下，3000人的遗传信息总价值为6000万美元，那么一个人的遗传信息就为两万美元。

而且在几天后，23andMe又宣布与世界最大的制药企业Pfizer合作（契约金额未公开）。也就是说，遗传因子检查的商业目的不是“对消费者提供基因检查分析服务”而是要构建大规模的“遗传因子数据库”以及贩卖该数据库的接触权。

对于该公司与制药企业和生物相关企业的联合，可以说是用低成本（对消费者提供价值99美元的基因检查服务）换取大收益。

公开宣布收集个人数据的企业

欧美企业中出现了一些公开宣布收集个人数据，并支付等价积分、优惠券的企业。例如，美国最大的手机企业Verizon Wireless在2012年便开启了名为“Verizon Select”（译者注：威尔逊查询）的项目。该项目是以该公司的智能手机、平板电脑的使用者为对象，以收集他们的性别、年龄等属性信息和兴趣爱好、位置信息、网站的浏览记录、手机软件的应用记录、搜索关键词等行动记录为交换，发送他们所关心的店铺和餐厅、旅店等广告和邮件杂志等信息。

但是，这些对于消费者来说魅力并不大，因为他们觉得“价值交换”不成立（没有募集到参加者），于是Verizon Select项目在2014年7月进化成了“Smart Reward”（译者注：智能奖励）积分项目。Smart Reward可以将每个月的使用费用积分，所得积分可以换取该公司的礼品卡、NFL的观战票等。

该公司会对收集到的信息进行最大限度的保护。该项目的参加与退出都是自由的。不会以手机契约为由，在本人不知道的情况下收集个人信息。

想参加Verizon Select项目的人需要在自己的用户管理界面确认FAQ（译者注：常见问题）、所被收集的内容、优惠券、广告的发送形式（电子有限、文本信息、手机广告等）、退会手续等内容，同意之后才能进行申请。

从为消费者所提供的服务内容来看，这与日本常见的积分项目没有什么不同。但是，他们之间最大的区别在于企业的姿态不同。在“透明性”和“说明责任”上，Verizon Wireless（译者注：威尔逊无线公司）要更胜一筹。

该公司主页上关于“Verizon Select”项目是如此介绍的：

“Verizon Select是顾客自由参加的项目，本公司或者其他企业为判断顾客是否为本公司所针对的顾客层，会对顾客的位置信息、网页浏览记录、手机软件的使用数据等进行利用”。

而日本企业所开展的积分项目是这样说明的：“在购物时会积累积分，可以用积分换取各种商品”，主要在强调对消费者的益处，而弱化消费者的购买记录等个人数据会被收集等条约。与Verizon Wireless的做法相比，差异显而易见。

Verizon Select的FAQ上简单易懂地介绍了所收集的个人数据的种类、是否向第三方提供、收集的个人信息持有期限和删除方法。不同于那些必须用放大镜才能看清楚的使用规则。Verizon Select为契约者提供选项，所有收集都在对方同意的基础上进行，我们可以感受到Verizon Select真诚的态度。例如，消费者可以选择接收优惠券的方法（邮件或者文本信息等），即使在一开始同意了该项目，以后在用户管理画面中也可以选择取消参加该项目。消费者还可以提出删除阅览记录和位置信息的要求。只要在纸质的退会申请书上写上姓名和住址等信息并邮送到Verizon Wireless，就可以退会了。我想，日本企业也应该向Verizon Wireless学习一下这种真诚的态度。

专栏　高调宣称不收集消费者个人数据的苹果公司

“我们绝对不会将顾客的网页浏览记录出售给广告商。”

在美国，有公开宣布收集个人数据的企业，也有明确宣布不收集个人数据的企业。后者便是伟大的领军人物史蒂芬・乔布斯逝世后的苹果公司。

史蒂芬・乔布斯所选的后继者苹果公司的现CEO 蒂姆・库克于2014年9月在苹果公司的主页上发表了名为“苹果关于顾客隐私的约定”的一封信。以下是其中的一部分内容（作者注：原文参照网站主页）：

“几年前互联网服务用户开始意识到，如果在线服务是免费的，那么你就不是客户，而是产品。但是在苹果我们认为，优质的客户体验并不是以牺牲用户的隐私为代价。

我们的商业模式简单直白：我们就卖伟大的产品。我们并不会以你的邮件内容或者网页浏览习惯为基础来建立个人资料并将其卖给广告商。我们不会将你存储在 iPhone 或者 iCloud 上的信息‘货币化’。我们也不会读取你的邮件、消息以获得信息。”

这封信强烈地讽刺了以Google和Facebook为代表的互联网企业。苹果因与“掌握越多的个人数据赢的可能性就越大”的风潮相逆而行而获得了极大的关注。

如果仅从收益的观点来看，我们无法评论苹果的这个姿态是否正确。但是，从获得消费者信任的观点来看，它明显要比Google和Facebook的策略更胜一筹。

无论从哪个角度来看，今后企业都应该明确地表示出对消费者个人隐私的态度。

“个人数据经济圈”的诞生

在日本国内，大多数的企业都加入了乐天、CCC（Tpoint）、Loyalty Marketing（译者注：忠诚营销公司）等运营的通用积分计划。从乐天来看，除了“乐天市场”销售的药品、化妆品、家具、汽车用品等商品以外，还有乐天旅行、乐天银行、乐天不动产、乐天婚介、乐天求职等，涉及许多种项目。2014年10月开始的“R Point Card”更是与日通、出光等外部企业进行了联合。

所属于CCC的“Tpoint・Japan（积分・日本）”运营的Tpoint也是与Familymart（译者注：全家便利店）和Maruetsu（译者注：丸悦）等便利店、超市，还有阿特搬家中心、ENEOS（译者注：亿能新新日本石油）、日本租赁、Autobacs（译者注：奥拓巴克斯汽车百货）、Welcia（译者注：日本药妆连锁威尔夏）、Drunkeleven（译者注：德朗克11）等各种业态的企业进行了合作。

对消费者来说，好处是日常生活的所有场面都可以积累积分，而相对的坏处则是消费者所有的行动信息都会被收集（表7-1）。

也就是说，如果使用乐天的“O-net”、Yahoo的“Yahoo！相亲”、“Yahoo！伴侣”这些服务，就会被大家知道你在寻找恋爱

▼表7-1 乐天集团与CCC/Yahoo所收集的个人数据

			乐天	CCC/Yahoo
属性信息			·姓名·出生年月日·性别·住址·电话号码·电子邮件地址·手机邮件地址·信用卡账号·公司名、团体名 ·部署名、职务单位地址 等	·姓名·出生年月日·性别·住址电话号码·电子邮件地址·银行账户号码信用卡账号·驾驶证号码 等
在用户接触网页时收集到的信息			·浏览的网页·广告的记录搜索商品的记录·IP地址浏览器的种类、版本·端口OScookie信息·端口固体识别号码信息 等	·浏览的网页·广告的记录·搜索关键词浏览器的种类、版本·端口OS cookie信息·手机端的位置信息·端口固体识别号码信息 等
				遗传信息、健康信息
购买记录服务使用记录等收集源头	集团企业/主要加盟店	网上商铺	乐天市场	Yahoo Shopping
		超市	大丸	Maetsu、MamiMart等
		旅行代理店	乐天旅行	Yahoo旅行、expedia等
		书	乐天Books	蔦屋书店、HonyaClub With等
		DVD租借	乐天租借	TSUTAYA
		药品	乐天市场	welcia、Drunkeleven、金光药品等
		汽车租赁	乐天旅游	日本租赁
		加油站	出光	ENEOS
		汽车用品	乐天市场	autobacs
		搬家公司	日通、arimark搬家公司	art搬家中心
		银行	乐天银行	
		婚介	onet	Yahoo！相亲、YahooPartner
		不动产	乐天不动产	Yahoo！不动产
		求职	大家的求职活动日记、乐天工作中介	Indival 招聘
		葬礼		Yahoo！葬礼

所有种类的个人数据都被收集着

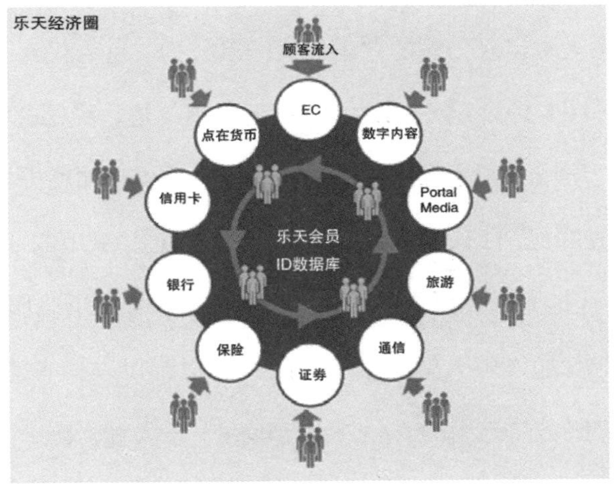

出处）http://corp.rakuten.co.jp/about/strength/business_model.html

▲图7–3　乐天经济圈概要

对象或结婚对象。同样，如果接触不动产的中介服务“乐天不动产”“Yahoo！不动产”的话，就会被知道你正在寻找住处。乐天和CCC会找适当的时机向你介绍合作的搬家公司“日通”和“Art搬家中心”，还会显示出一些家具、杂货的广告。可以说，通用积分不仅会让顾客得到实惠，而对企业的益处更大。

乐天称自己公司的“乐天经济圈”为“世界仅此一种的商业模式”（图7-3）。该公司主页上对此是这样进行介绍的：

“所谓‘乐天经济圈’，就是通过乐天集团所提供的各种服务所形成的经济圈，在该经济圈中可以使用专用的‘乐天超市积分’。在扩大乐天会员量的同时，也促进了经济圈内服务的利用性。

所有加入乐天集团服务的乐天会员都可以拥有能够利用EC和金融等服务的通用ID。另外，该ID在‘乐天经济圈’内购物或使用服务时都可以进行积分。而且，乐天集团的服务中还加入了信用卡‘乐天卡’和电子货币‘乐天Edy’这种十分便利的结算工具，这促进了经济圈的网络与现实相融合。

‘乐天经济圈’以商务资产——会员的数据库为基础，以为乐天会员提供更优质的服务，增加流通总额、提高会员每个人的价值而努力。”

简单地说，就是通过集团内的通用ID识别每个消费者，对会员的个人数据进行一元化管理，并在乐天集团内进行共享。最近，乐天通过“R point”（译者注：R积分）不仅对网络数据进行收集，还开始收集用户在现实世界中集团外企业的购买记录。

一般情况下，集团内企业和集团外企业所获得的信息比例不同，而CCC却是一样的，加上合作企业的记录，通过2014年6月开始与Yahoo的信息合作（通过Tpoint收集的商品购买记录、Yahoo收集的网络浏览记录等），得到了大量来自Yahoo的各种信息记录。

总之，现在加入积分计划的各个公司想要达到的目标是，将消费者ID和其属性、购买记录等相融合，从而构建一个“个人数据经济圈”。乐天也并非是“乐天经济圈”，而是“乐天个人数据经济圈”，CCC\Yahoo是“Tpoint个人数据经济圈”，Royalty Marketing是“Ponta个人数据经济圈”。

这些新的经济圈不断地在扩大规模，在壮大。乐天的会员数量达到了9556万人（作者注：2014年9月末），CCC/Yahoo的会员数达到了7940万人（作者注：CCC：2014年10月末；Yahoo：2014年9月末）（Tcard5111万人，Yahoo2829万人），Ponta为6635万人（作者注：2014年10月末）。

每个个人数据经济圈根据广泛的合作战略，覆盖了“网络+现实”的数据。而且，加上便利店和超市的日常购买记录，便可以掌握消费者的就职、转职、结婚、生子、购房等人生中为数不多的重要事项。“Tpoint个人数据经济圈”还涉及生育准备、葬礼准备等各种服务，可以说它抓住了我们人生的每一个环节。

看清个人数据的价值

现在，我们代替货币提交给企业的个人数据是搜索记录、点击记录、购买记录和位置信息这些信息，将来还会涉及更多的隐私信息。有的人很讨厌被收集任何关于自己的信息，而有的人只要得到益处就会不介意提供自己的信息。

后者也许认为自己的数据值多少钱都不重要。但是，本书一直所重复的观点是，希望消费者能够正确地认识个人数据的“交换价值”，能够自己掌握将数据提供给谁。

还希望大家重新认识到一点，那些被称为“终极个人信息”“个人信息的宝库”，如遗传因子这样的信息，真的用金钱就能换到吗？而且，如果利用方并不是为了遗传学的研究这种公益事业，而是以营销为目的的话。

在日本，Yahoo提供的遗传因子检查服务“HealthData Lab”将来也有可能将数据活用到广告中。

另外，在遗传因子检查商务化的先驱美国已经将遗传因子信息贩卖给了营销商。

在明尼阿波里斯的新兴企业Mainomu公司（译者注：麦诺姆公

司）所运营的网上市场，就可以将自己的遗传因子信息贩卖给研究机构和营销公司。价格根据遗传因子的价值，也就是需求度而决定。例如，阿尔茨海默症和帕金森患者的遗传因子对于遗传学研究者来说非常有价值，那么它的价格就会很高。

而如果想将遗传因子卖给营销公司，用户只要向Mainomu公开自己在Facebook和Twitter等SNS的ID，该公司就会根据自己独特的方式分析联合遗传因子的构成和SNS的内容。

例如，假设一名男性的检查结果为“患有男性型脱发症的风险很高”，那么该公司会分析该男性在社交软件中的投稿内容，推测“压力和吸烟是促使他得脱发症的重要因素”。如果该男性同意将这个结果提供给第三方，那么该公司的合作企业便会发送给他一些关于治疗男型脱发症药品、戒烟辅助药品、瑜伽、按摩（为消除压力）的广告。

Mainomu尤为注意的一点，是将信息提供给谁是由消费者本人所掌控着的。也就是说，自己选择将遗传信息提供给营销公司或者制药公司、研究机构等。这对个人来说非常重要。上文中所叙述的23andMe公司虽然限定研究用途，让消费者自己决定是否提供给第三方，但消费者并不能掌控将数据提供给谁。因此23andMe才会实现将数据提供给Genentech和 Pfizerpfizer，并与这两个公司进行合作，研究帕金森症的治疗方法等。虽然是研究目的，但是没有经过消费者的同意，就将信息出售给营利企业，这受到了许多拥护隐私团体的质疑。

像Mainomu公司这样虽然让消费者自己掌控将数据提供给谁，但消费者也还是要注意，这些遗传信息还涉及父母和孩子以及所有与自己有血缘关系的人。这些极为隐私的信息要求使用数据的一方必须拥有一定的道德素养。

这样看来，将遗传信息提供给追求利益的营销公司是一件很有风险的事情。所以，将信息提供给谁，这是很有难度的事情。

例如，Yahoo遗传因子检查服务如果将消费者脑梗塞、脑中风、肺癌、肝癌等约110项患病风险分享给医疗保险和健康保险公司的话，那么不仅是消费者个人，就连消费者的孩子、孙子都会有无法加入保险的风险，还有可能对就职产生不利。

美国就是防止这种现象的出现，在2008年成立了“遗传信息差别禁止法”，规定健康保险和雇用单位禁止根据遗传信息对公民进行差别对待。而日本却没有这样的法律产生。

今后，随着“个人数据是新兴资产”这个常识的普及，企业会对遗传信息，对许多个人数据都会进一步地进行收集。我们即将迎来个人数据成为货币的时代，因此我们每一个人都有必要提高自己对个人信息价值的认识度。

谢　　辞

在此，由衷地感谢给予我执笔本书机会并给予我诸多建议的钻石出版社第二编辑部的田口吕辉先生。

感谢为我提供宝贵的信息、资料的Intage/Open Knowledge Foundation Japan的伊藤直之先生。

还要感谢对本书予以关注的野村综合研究所的绵引达野常务执行董事、基础解决企划部的青山慎部长、古明地正俊集团经理，以及我的助手村上由子小姐。

最后，还要感谢一直在后方支持我的家人。

城田真琴